子ども若者抑圧社会・日本

社会を変える民主主義とは何か

室橋祐貴

光文社新書

はじめに

このままだと、「テロ」が新しい政治参加の手段になってしまうのではないか。

２０２２年７月、安倍晋三元首相が銃撃され、そのように感じていたところ、嫌な予感は当たった。２０２３年４月15日、岸田文雄首相が衆院和歌山１区補選の応援演説会場を訪れた際、演説台に向かって爆発物が投げ込まれた。幸い、大きな事故にはつながらなかったが、危機一髪な状況であった。

報道によれば、当時24歳の容疑者は、日本の被選挙権年齢や供託金の高さに強い不満を持ち、２０２２年６月に訴訟も起こしていたようだ。

近代社会が手にした、非暴力的な手段で社会を変える「民主主義」ではなく、暴力的な行為で社会を変えようとする。それは民主主義の放棄を意味し、人類の叡智《えいち》を捨てるようなものだ。しかし、日本において、今後こうした政治的暴力事件が続いてしまうのではないかと懸念している。なぜなら、日本の教育では、非暴力的に、民主的なやり方でどう社会を変えられるかを十分に教えていないからだ。

もちろん選挙の基本的な仕組みは教えているが、投票部分に焦点が当てられすぎており、具体性は乏《とぼ》しい。他の先進諸国で教えているような、政党の違い、具体的な政策決定過程、立候補者としての出馬の方法や候補者の支援の方法、ロビイング（陳情）やデモ、メディアの活用など、「社会の変え方」は教えていない。

また「子どもの権利」についての教育はほとんどなく、実践の場を用意することもないため、「自分は社会を変えることができる」という感覚が極めて乏しい。結果的に、政治に参加する人は少なく、諦め感が漂っているのが現状だ。

一般市民が政治に関わらなくても、生活が比較的安定していたこれまでの日本社会だったらそれでも問題はなかったかもしれない。しかし、今の日本が衰退しているのは誰の目から見ても明らかであり、今後生活に苦しむ人が多く出てくることは想像に容易《たやす》い。

そうなってくると、「社会を変えたい」という欲求が高まってくるわけだが、その時に、民主的な形で社会を変える方法を知らなければ、暴力的な手段を行使するかもしれない。

ネット上でよく言われる「無敵の人」の誕生である。無敵の人とは、社会的に失うものが何もないために、犯罪を起こすことに何の躊躇《ためらい》もない人を意味する。

こうした暴力を防ぎ、日常的に変化を起こしていくために必要なのは、民主主義の強化であり、若者に権限を与えていくことである。一部の人たちだけで勝手に決めていくのではなく、対話を通して、様々な人々の課題や不満を日常的に解消していく。そして、新しい価値観を持った、これからの社会を担う若者が意思決定に参加できるよう、権限を渡していく。現状、日本の政治は高齢者が大きな権限を持っているが、若者は25歳あるいは30歳になるまで、選挙に出馬することもできない。被選挙権年齢が25歳と30歳に設定されているからである。

ジェンダーや多様性、テクノロジーなど、変化の激しい時代になっているにもかかわらず、新しい価値観や経験を持った若い世代が意思決定に関われていない。それこそが、日本の低迷の大きな理由ではないだろうか。

政治の話だけではない。学校では、理不尽な校則（以下、ブラック校則）を押し付ける、部活動に強制的に加入させる、子どもは大人の言うことを聞くだけ、といった旧態依然《きゅうたいいぜん》とした学校の姿が根強く残っている。結果的に、自分の意見を積極的に言う人は少なく、「生きる意味」がわからない、目立ちたくない、リスクを背負いたくないという空気が充満している。そんな若者にとって抑圧的な日本社会を変えることが今最も必要な日本の処方箋《せん》である。

筆者は、若者の声を政治に反映させることを目指して政策提言などを行う若者団体である日本若者協議会の代表理事として、被選挙権年齢の引き下げや子どもの権利保障、ジェンダー、気候変動など、様々な若者政策を訴え、実現に関わってきた。そうした経験から見えてきた日本の課題、そして、それを変えるための具体的なグランドデザインを、海外事例も参考にしながら、示したいと思う。

子ども若者抑圧社会・日本　目次

第六章　社会を変えるための「武器」を渡そう

第一章

25歳まで選挙に出馬できない日本の若者

日本の国会議員は衆議院で４６５名、参議院で２４８名、合計７１３名いるが、現在20歳代の国会議員は一人もいない。その理由は、選挙に出馬する権利である被選挙権年齢が衆議院は25歳以上、参議院は30歳以上に設定されているからである。

２０２１年10月に行われた衆議院選挙では、29歳が最年少議員として当選したが、時間が経《た》ち、現在は一人もいなくなっている。当選者の平均年齢は55・５歳で、30歳代も当選者の４・７％だけと、若者にとって同世代が国会にほとんどいない状況となっている。

一方、出馬年齢に上限はないため、最高年齢は82歳となっている。また地方議会をみると、２０１９年時点で、町村議会の60歳以上の議員の割合は76・９％となっている。中には最年少議員が60歳代という議会も珍しくない（全国に91議会）。

地方議会の中で最も平均年齢の低い都道府県議会でも、議員のうち60歳以上が40％を超え、50代も含めれば70％以上になる（71・２％）。一方、20歳代と30歳代を合わせても、10％もいない。

結果的に、40歳代だけでなく、50歳代前半でも「若手議員」扱いされることも珍しくないのが政界の現状となっている。この現状では、若者にとって政治が身近になることは難しいだろう。これを変えていくためには、被選挙権年齢を引き下げ、若者が議会に入っていけるようにしていくことが重要だが、まずは日本の若者の政治参加の状況がどうなっているか見ていこう。

日本の若者の政治参加の現状

どうすれば、若者が投票に行くようになるか。

選挙のたびに、毎回同様の嘆きが聞こえてくる。芸能人の選挙啓発ポスター採用や「選挙割」など、様々な対策が行われているが大きな改善は見られない。直近の２０２１年衆議院選挙では全体的に改善したものの、それでも10歳代の投票率は43・２１％、20歳代は36・５％、30歳代は47・１２％と、半数どころか、３分の１程度しか投票に行っていない。

一方、60歳代は71・４３％と、20歳代の２倍近く投票率が高くなっている（**図表１-１**）。少子化で人口比に大きな差がついているのに加え、投票率もこれだけ大きく開けば、若者の声は当然政治に反映されにくくなる。若者は仕事や子育てに忙しいため、諸外国でも若者の方が高齢世代に比べて低い投票率になっていることは珍しくないが、ここまで世代間で大きな差があるのは日本ぐらいである。

さらに、首都圏も含めた地方選挙では深刻な「なり手不足」から、無投票選挙が広がって

図表1－1　衆議院議員総選挙における年代別投票率（抽出）の推移

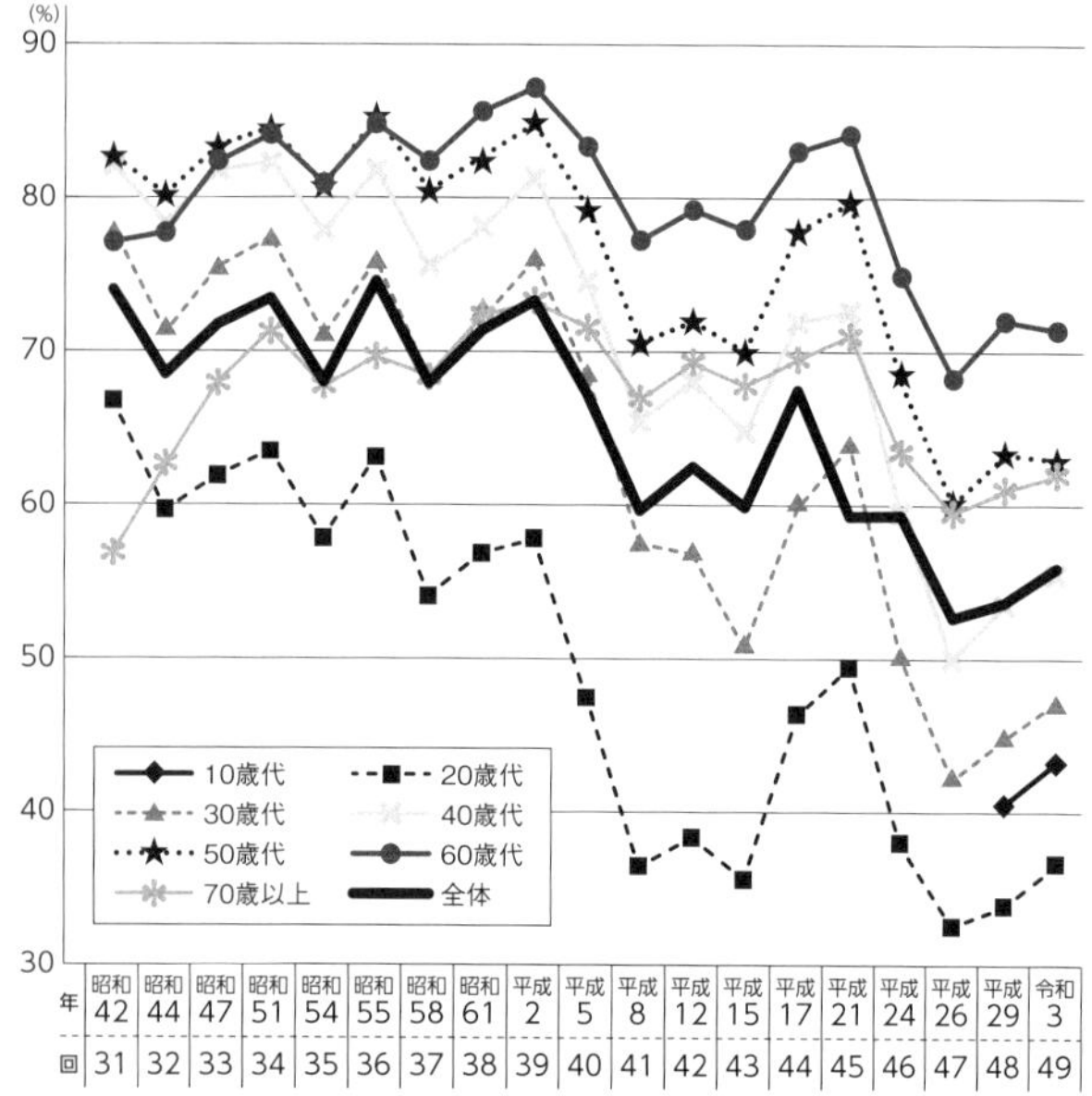

出典：総務省　衆議院議員総選挙における年代別投票率の推移

おり、投票の機会すら与えられないという民主主義の危機に陥りつつある。

なぜ、若者は投票に行かないのか。２０１６年12月に総務省が行った18歳～20歳を対象にした「18歳選挙権に関する意識調査」によると、「選挙にあまり関心がなかったから」が19・４％で２番目の理由になっている（１番目は「今住んでいる市区町村で投票することができなかったから」（21・７％）で、不在者投票制度の周知や手続きの簡素化、ネット・電子投票などの対策が求められる)。

しかし、「選挙」に関心がないからといって、「政治」や「社会」に関心がないわけではない。

OECD(経済協力開発機構)が2016年に発表したレポートによると、「政治に関心がない」と答えた15~29歳は、OECD平均の26%より少ない11%、38カ国中3番目の低さとなっている(**図表1-2**)。政治に関心がないどころか、他の先進国と比べても高いのが実態である。

一方、日本財団による18歳意識調査等で明らかなように、「自分の行動で、国や社会を変えられると思う」という感覚(政治的有効性感覚)は、他の先進国の若者と比べて、低くなっているのが現状だ。また、「自分は大人だと思う」「自分は責任がある社会の一員だと思う」といった項目も他国と比べ、非常に低い結果となっており、主権者としての態度が備わっていないことがよくわかる(**図表1-3**)。もちろん、これらの原因は、若者本人にあるわけではなく、そうした教育をしていない日本社会、子どもや若者を未熟であり社会の一員として見ていないという、大人からのまなざしが内面化された結果である。

さらに、海外では、選挙だけでなく、他の社会運動への参加も積極的に行われる。

図表1－2　「政治に関心がない」若者（15歳～29歳）の割合

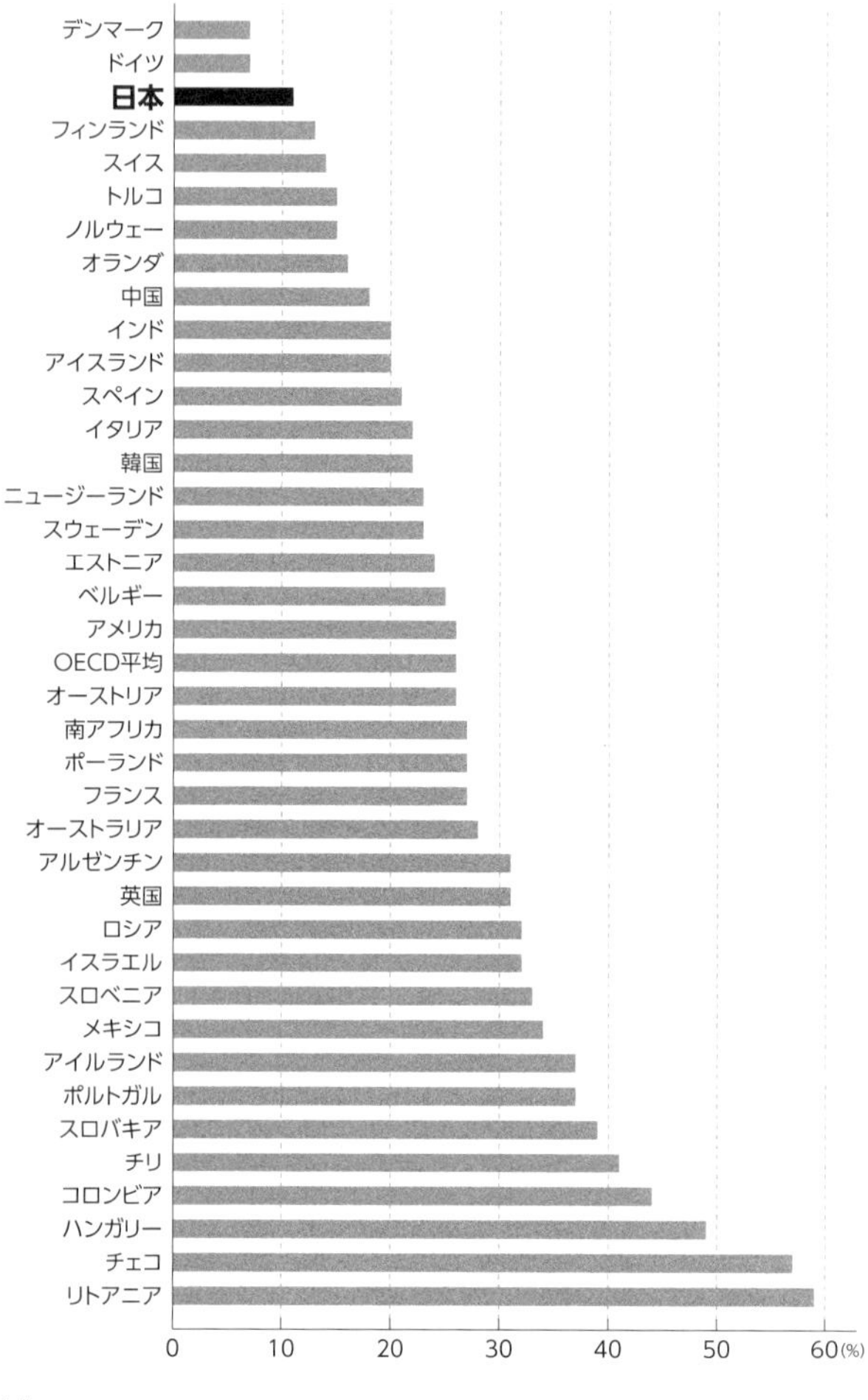

出典：Society at a Glance 2016: OECD Social Indicators (Figure 7.9)

例えば、高校生らによるアメリカ「銃規制デモ」や、当時中学生だったグレタ・トゥーンベリが中心となって行った気候変動対策を求める「Fridays For Future（ＦＦＦ）」、香港・タイでの民主化を求める運動など、近年世界各地で若者を中心とした社会運動が目立っている。日本でも、「Fridays For Future Japan」や、少し前の安全保障関連法案に反対する「ＳＥＡＬＤｓ」によるデモ（最近では、デモのイメージが悪いために、マーチという表現を使っている）、インターネット上で署名などを行う活動も珍しくはないが、それでも他国に比べれば参加率は低い。

やや古いデータになるが、ISSP 2014-“Citizenship II”による調査結果（**図表１-４**）を見ると、日本の20歳代で過去１年にデモや陳情を行ったことがある人の割合は１％にも満たない。他方、アメリカやフランス、スウェーデンではデモの参加率は10％を超え、イギリスでは半数近くが署名活動をしたことがあると答えている。

投票は期待されても、デモは期待されない理由

このように、投票だけでなく、他の社会参加の手段についても積極的な参加が見られない日本の若者だが、そもそも主体的に声を上げることを求められているのだろうか。

図表1－3　自身と社会の関わりについての意識調査

Q　以下の項目に同意しますか。（各国n=1000）　※「はい」回答率を掲載

(単位：%)	自分は大人だと思う	自分は責任がある社会の一員だと思う	自分の行動で、国や社会を変えられると思う	国や社会に役立つことをしたいと思う	慈善活動のために寄付をしたい	ボランティア活動に参加したい
日本	27.3 ⑥位	48.4 ⑥位	26.9 ⑥位	61.7 ⑥位	36.2 ⑥位	49.7 ⑥位
アメリカ	85.7	77.1	58.5	73.0	66.7	70.4
イギリス	85.9 ①位	79.9	50.6	71.2	69.5	64.2
中国	71.0	77.1	70.9	82.1	78.9	85.3 ①位
韓国	46.7	65.7	61.5	75.2	62.4	70.7
インド	83.7	82.8 ①位	78.9 ①位	92.6 ①位	83.7 ①位	78.1

出典：日本財団　18歳意識調査「第46回 ―国や社会に対する意識（6カ国調査）―」報告書

図表1－4　20代が過去一年に参加したことのある政治活動の国別割合（%）

	日	韓	米	英	独	仏	瑞
署名活動	5	24	31	**48**	30	40	45
商品のボイコット（政治的・倫理的・環境的理由による）	10	17	20	18	46	36	**69**
デモへの参加	1	4	**12**	8	10	**12**	**12**
政治集会への参加	1	2	7	3	11	4	**13**
意見表明を目的とした政治家への接触	1	4	**10**	7	6	3	9
寄付、政治活動のための基金創設	11	21	30	21	24	23	**33**
意見表明を目的としたメディアへの接触	1	3	2	4	**7**	3	6
インターネットでの政治的意見の表明	4	5	**21**	19	14	10	19

出典：ISSP 2014 - “Citizenship II” より筆者作成

正直、首を傾《かし》げざるを得ない。その理由は、選挙と社会運動の時の大人の反応の違いを見ればわかる。２０２１年、衆議院選挙に向けて、若者に投票を呼びかけるキャンペーンが多く見られた一方、同時期に開催された気候変動に関する国際会議「ＣＯＰ26」（第26回国連気候変動枠組条約締約国会議）に合わせて、若者らが路上で気候変動対策の強化を訴えた活動には多くのバッシングがあり、心を病んだ若者もいる。最近では、批判を恐れて、顔を伏せて記者会見に出たり、就職活動に悪影響が出ないよう、名前を出さずに活動したりする若者も増えている。

このように選挙が近づけば、低い投票率を理由に、「若者よ、選挙に行こう」と、大人は若者に語りかける。候補者や公約、投票場所など、大人が用意したものに対して、参加を呼びかける。そして、若者が投票に行かなければ、「だから若者向けの政策は軽視されるのだ」と、現状肯定を迫られる。ところが、政治をより良くするために、より権限の大きい候補者に若者がなろうとする（被選挙権年齢の引き下げを主張する）と、「まだ早い」と否定される。自主的にデモを企画し、街中で声を上げれば、「学生は勉強しろ」「社会人になって変えよう」「投票に行け」と、強くたたかれる。ひいては、バックにいる大人に操られているのでは、と怪《け》訝《げん》に見られる。

そうした発言をする背景には、若者を未熟であり、権利の主体ではなく、支援・保護対象と見なすまなざしがある。対等な社会の一員ではなく、「支援・保護」対象として見ているために、大人が若者のために「アドバイス」をしてあげる。要は、パターナリズムの考え方が根底にある。

パターナリズムとは、権力のある大人（家父長）が、子どもや若者、女性などの「弱者」のためを思って、代わりに意思決定をすることである。こうした「支援・保護」の対象としての子ども・若者像が根強く残っているために、大人が発言を許可した場合には意見を聞いてもらえるが、大人が想定していない場所での発言は期待されていないのである。信頼して任せるのではなく、あくまで大人が期待した行動を求める。それをしなければ、「反抗的」だと叱責を受ける。かくして、学習の結果として、大人からの「期待」に合わせた行動をする若者が増える。自分で考えることなく、大人の目線を常に気にして行動を決めるようになる。これでは、主体的に社会・政治に参加する若者が育つはずはない。

これに対し、欧米での若者の参加は大きく異なる。２０２２年9月、4年ごとに開かれる国政選挙に合わせて、スウェーデンに視察に訪れた際、大人の反応の違いに驚いた。グレタ・トゥーンベリらが主催するＦＦＦのデモを見ようと、一緒にデモ行進に参加したら、沿道にいた大人が拍手をして応援しているのだ。スピーチをしている時にも、主要政党の元党首が端っこに座り、じっと耳を傾けていた。大人が子どもや若者をコントロールしようとするのではなく、主体性を尊重し、若者の声を大事にしようとする姿勢が強く感じられた。

若者の社会への影響力を保障するために、若者をエンパワメント（能力や権限を与える）する。学校教育を通して、デモやロビイング、世論喚起の仕方など、選挙だけではなく、社会を変えるための具体的手段を学んでいる。学校を休んで、デモに参加することも推奨されており、公欠扱いになる。勉強は学校だけでやるものではなく、市民の一人として、社会運動に参加することが重要だという考えが背景にある。

なぜ日本の被選挙権年齢は下がらないのか

若者も対等な社会の一員である。こうした考え方を背景に、欧州のほとんどの国々は選挙権年齢だけでなく、被選挙権年齢も18歳に設定し、20歳前後で政治家に当選する人も珍しくない。

ＯＥＣＤ加盟国の被選挙権年齢を見ると、38カ国中、最多は23カ国の18歳。次が、10カ国

図表1－5　OECD加盟国の被選挙権年齢（38ヵ国）

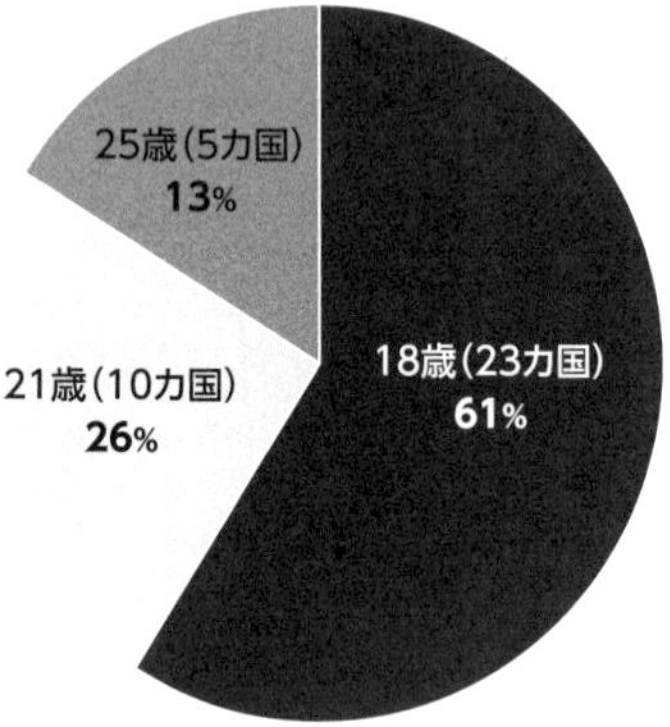

注：二院制の国では下院の被選挙権年齢を抽出。

出典：国立国会図書館のデータ、最近の動向をもとに筆者作成

の21歳。最後が、５カ国の25歳だ（**図表１－５**）。

　アメリカは日本の衆議院議員にあたる下院議員の被選挙権年齢を25歳に設定しているが、地方によっては被選挙権に年齢規定はなく、アメリカ・カンザス州では２０１８年に行われた州知事選に16歳の高校生が出馬し、２０２３年１月、アメリカ・アーカンソー州では18歳の市長が誕生するなどしている。地方レベルでも25歳以上しか出馬できない日本は、やはり世界的に見ても被選挙権年齢が高く設定されていると言えよう。

　近年だと、イギリスが２００６年に21歳から18歳に引き下げ、フランスも２０１１年に23歳から18歳に引き下げた。２０２２年には、

韓国が25歳から18歳に引き下げるなど、世界的に被選挙権年齢を引き下げる傾向にある。

さらに、選挙権を16歳に引き下げる動きが広がりつつある。

欧州議会選挙では、以前からオーストリアとマルタが16歳選挙権となっていたが、２０２４年の欧州議会選挙からは、ドイツとベルギーでも16歳選挙権が認められる。またドイツでは、現在のショルツ政権をつくる中道左派の社会民主党（ＳＰＤ）、環境政党の緑の党、中道リベラルの自由民主党（ＦＤＰ）の３党が連立合意に「国政選挙権の18歳から16歳への引き下げ」を盛り込んでおり、一部の州や市では16歳以上に選挙権が与えられている。イギリスではスコットランドに続き、ウェールズでも２０２０年に選挙権の年齢を18歳から16歳に引き下げることを決めた。スイスでも一部の地方選挙で16歳選挙権を認めている。バルト３国のエストニアでは地方選挙で16歳選挙権を導入済みで、国政選挙への導入も議論されている。

　こうした動きの背景には、欧州の若者団体が２０１１年頃から16歳選挙権実現を目指して進めてきた「Vote at 16」というキャンペーンの存在がある。２０１７年にドイツに視察に訪れた際にも高校生らが「Vote at 16」を訴えていて、いよいよ政権の政策合意にまで含まれ、実現までの道筋が見えてきている。

一方、日本は１９４５年に被選挙権年齢が25歳以上とされて以降、年齢要件は変わっていない。選挙権年齢は、１８９０年時点の25歳以上の男性から始まり、１９４５年に20歳以上の男女に、さらに２０１６年に18歳以上に引き下げられている。18歳選挙権に引き下げられた理由は様々だが、世界中のほとんどの国が選挙権を18歳以下にしていたこと（当時１９９の国・地域の中で18歳以下は１７６カ国）、２０１４年６月に施行された改正国民投票法により、憲法改正に必要な国民投票の資格年齢が20歳以上から18歳以上へと引き下げられていたこと、若者団体などから引き下げを求める声が上がっていたことが大きい。ただ政治的には、当時の安倍政権の若者支持率が高かったことも大きな理由の一つである。

被選挙権年齢に関しては、一定議論が進んだ面もあるが、実現には至っていない。筆者が代表理事を務める日本若者協議会では、２０１５年の団体発足以来、各党と政策協議を行う「日本版ユース・パーラメント（若者会議）」を開催し、被選挙権年齢の引き下げを提言。各党と勉強会も重ねながら密に連携し、２０１６年の参議院選挙の各党公約に「被選挙権年齢の引き下げを検討する」ことが明記された。

その後、２０１７年には日本若者協議会主催で与野党の選挙制度の政策責任者（部会長）を呼んでシンポジウムなどを開催し、若者の立場から議論を喚起。２０１７年６月13日には、自民党選挙制度調査会に筆者が講師として呼ばれ、被選挙権年齢引き下げに関して講演、議論を行った。その時点で、自民党内でも「引き下げ」に関しては了承が取れていたが、具体的にどの選挙から、何歳まで下げるのか、衆議院と参議院で分けるのか、都道府県知事選はどうするかなどについて議論がまとまらず、結論が出なかった。

　他方、同様に、民進党（当時）総務部門会議でも講演し、与野党で議論が進んだ。さらに、２０１８年５月には、日本若者協議会が事務局を務める形で、超党派の「若者政策推進議員連盟（若者議連）」が発足。議員連盟とは、議員が国会に法案を提出する議員立法を目指して、勉強会や議論を重ねる連合体だ。若者議連には、超党派の若手国会議員（主に40歳代以下）が集まり、若者の政治参加などについて立法を目指している。議連は通常、国会議員だけで議論するのが一般的だが、若者議連は、若者も議論に参加し、一緒に立法を目指しているところに特徴がある。そして、まずは被選挙権年齢と供託金引き下げについて議論を重ね、紆《う》余《よ》曲折《きょくせつ》ありながらも、最終的には、若者団体で要望した「各級選挙一律18歳への引き下げ」でまとまり、各党の政調会長（政策の責任者）に提言を行った。

　当時、自民党の政調会長は現在の岸田文雄首相であった。

　ただその後も、現職議員、特に高齢の議員にとってライバルが増える被選挙権年齢の引き下げには腰が重く、具体的な議論は進まなかった。２０１９年には若者議連で全国の高校・大学を回る全国キャンペーンを行ったが、当事者の高校生や大学生からやや反対の意見もそれなりにあったことから（ざっと3～4割程度が反対。選挙権年齢18歳への引き下げは２０１５年世論調査だと20～30歳代では賛成が51％、反対が36％〈日本経済新聞〉）、議連内でも時期尚早のムードが強まった。

反対意見としては、「若者はまだ未熟」「年齢の割に権限が大きすぎる」「学業が疎《おろそ》かになる」などが挙げられた。しかし、他の先進国の多くはすでに被選挙権年齢を18歳にしており、若くして活躍している政治家も珍しくない。また、政治家としてふさわしくないと思えば、投票しなければ良いだけだ。

こうした若者の反応からも、日本の若者は、小さい頃から未熟扱いされ、自己肯定感が弱く、自分ならできるという自己効力感・自己有用感が低い様子が窺《うかが》い知れる。その後は、野党第一党である立憲民主党が被選挙権年齢引き下げの法案を国会に提出したが、実現はしていない。社会的にも、被選挙権年齢の引き下げにはネガティブな反応も多く、大人が子どもや若者を過度に未熟者扱いせず、意見を尊重できるようになって初めて、被選挙権年齢引き下げの実現が見えてくるのだろうと思う。

若くして活躍する海外の政治家

　現状、日本では、衆議院議員の当選者の平均年齢が55・５歳（２０２１年衆院選時）と、議会を高齢の男性議員が占めているだけでなく、閣僚の平均年齢は61・８１歳（２０２１年10月時点）と、重要ポストはさらに年齢が高くなっている。日本では当選回数が重視されており、３回ぐらい当選してようやく一人前、５回ぐらい当選して大臣になれる。しかし５回も当選するということは、議員生活はすでに15年ほどは経っており、若い間に権限の大きいポストに就けることは相当稀《まれ》になっている。

　しかし、他の国々を見れば、若くして活躍しているケースは珍しくない。例えば、世界中に影響を与えている、ＥＵの一般データ保護規則（ＧＤＰＲ）の立法化を担当した欧州議員、ヤン・フィリップ・アルブレヒト氏は２０１６年の法案可決時点で34歳。30歳の頃から責任者としてデータ保護関連の法律に関わってきた。グーグルやフェイスブック（メタ）など、ＩＴ業界では20歳代でビジネスを成功させた起業家は珍しくなく、高齢の議員よりテクノロジーに精通している若い政治家も当然多い。であれば、能力の高い議員が責任者になるべき、というのが世界標準の考え方だ。

しかし、日本の政界では、年功序列、当選回数主義が根強く、下積みをしている間に若者でなくなる。これだけ変化の激しい現代において、その弊害は計り知れない。それは、日本の生産性が先進国の中で最低レベルにあり、ジェンダーへの対応も遅い、少子化も悪化の一途を辿《たど》っている現状を見れば、明らかだろう。被選挙権年齢を下げ、議員の平均年齢を下げるだけでなく、若手議員が活躍できる土壌を作っていく必要がある。

最近よく知られるようになってきたが、34歳で首相となったフィンランドのサンナ・マリン前首相をはじめ、ヨーロッパ、特に北欧の政治家の平均年齢は低い。

２０２１年９月に連邦議会選挙が行われたドイツでは、議会の約３人に１人が、40歳未満になっている。議員の平均年齢は47・３歳だ。最年少で当選を果たしたエミリア・フェスターは23歳で、現役の大学生である。他にも、「サイクリスト活動家」を自称するマックス・ルクス（24歳）、ツイッター（Ｘ）アカウントにＬＧＢＴの象徴であるレインボーフラッグを掲げているリア・シュレーダー（29歳）、11歳のときにイラクからドイツに移住したムハナド・アル・ハラク（31歳）など、多様性に満ちた国会議員が誕生している。

スウェーデンでは、30歳未満の国会議員の割合が12・３２％を占める（２０１８年時点。前述の通り日本は２０２１年当選時点だと一人だけいたが、現在は一人もいない）。この背景には、被選挙権年齢の低さ（18歳）や選挙制度が比例代表制であることが大きな要因となっているが、２０２２年に訪れたスウェーデン視察によって、政党青年部（ユース党）の存在の大きさを強く感じさせられた。結論から言えば、ユース党が政治家の登竜門のような存在となっており、多くの若者が10歳代から政治活動のキャリアを始めている。それも日本のような、〝お手伝い〟ではなく、政治家と同様のアドボカシー（政策提言）や党員集めをやっており、政治キャリアだけで見れば、日本の高齢議員と変わらない、むしろ人によってはそれよりも長い。こうした素地があるからこそ、若くても活躍することができる。スウェーデン視察の際、各政党のユース党に話を聞いたため、その実態を紹介したい。

政治家への登竜門として機能する「ユース党」

視察で最初に訪れた最大政党・社民党のユース党（ＳＳＵ）。数日後の選挙で政権交代が起こったため、党首（首相）は交代したが、党首や副党首もユース党出身であるなど、ユース党が、次世代の政治家を育成するための土台となっている。

ＳＳＵの会員は、１・８万人。年齢要件は、13歳〜35歳だが、会員の95％が15歳〜25歳だという。ちなみに、スウェーデンの13歳〜25歳の子ども・若者は約１６０万人で、約１％が社民党のユース党員ということになる。

ＳＳＵが突出して多いわけではなく、保守の最大政党である穏健党のユース党員も１・５万人存在し、近年増加傾向にある。スウェーデンでは政党が8党あるため、全てを合わせればユース世代の数％がどこかしらの党員になっている（学校だとクラスに一人はいる計算）。それぐらい政党で活動することは珍しくない。では、どうやってユース党の会員を集めているのか。ＳＳＵ事務局長のリサさんは、ターゲットがいるところに働きかけているという。

「学校やＳＮＳなど、ターゲットごとにキャンペーンを展開している。学校では、カフェテリアで、特定の問題について賛成、反対かを聞いたり、対話している。ＳＮＳでは、ＴｉｋＴｏｋなどを活用して、レイシズムに反対したり、平等や自由などをキーワードに連帯を求めている」

学校を中心に党員集めをしているのは、穏健党と環境党のユース党も同様だそうだ。また、会員になって楽しいと思ってもらえるように工夫しているという。例えば、それぞれ支部ごとに活動しており、イベントを開けば数百人集まるため、そこで仲間や親友ができたり、レイシズムに反対するためのフットボール大会を開催したりしているという。政治にエンタメ要素を絡めるのは、Fridays For Future のデモや各党の街頭演説の間にアーティストがライブをしていることを見ても、政治活動全般に共通しているテーマと言えそうだ。

ただ議論の内容は高度であり、決してエンタメ化＝容易化・単純化ではないというのは、注意が必要のように思える。活動のレベルも非常に高く、党本部とは独立してユース党を運営しており、会員も自分たちで集め、意見を独自に発信したり、提言をしている。具体的には、SSUの全国の支部から意見が上がってくるため、それをユース党の総会で取り上げ、党本部に伝える。党本部に伝える手段としては、SSUの代表が党本部の政策委員会に席を持っており、日頃から政策の議論に参加している。これは穏健党や環境党なども同じ構造であり、穏健党では、各政策委員会に必ず一人ユース党のメンバーがいるという。このように、独立性と対等性を確保しており、若者の声を政策決定に反映させている。代表は毎年選挙で選ばれるが、事務局は継続して働いており、その予算は党本部と政府から出されている。

こうした予算があることも、独立性と対等性を保つ上で欠かせない。もちろん、党本部とユース党の意見が食い違うことも珍しくない。その場合は党内で声を上げるだけでなく、外部に対してもメディアやSNSを通して情報発信し、世論喚起を行っている。最近だと、2022年の選挙に勝った場合、中央党と連立するという話になっていたが、ユース党は反対しており、戦略的に選挙前に発信し、メディアに取り上げられたという。このように、今の若い世代の声を政策決定に反映させるという意味で、ユース党は非常に大きな役割を担っている。

各党に規模の大きいユース党があることで（小さい政党でもユース党員は１０００人以上いる）、政治家も日常的に若者の意見に触れることができている。そして、各党の選挙小屋（詳細は後述するが、選挙中に駅前に設置される政党のブース）にユース党党員がいることも珍しくはなく、選挙活動を支える重要な一員にもなっている。街中でキャンディと政策パンフレットを配っていた中央党ユース党の代表（17歳から活動に参加し、インタビュー時点は24歳）は、なぜスウェーデンの投票率が高いのか聞くと、「ユース党があるから投票率が高い」と答えてくれた。

ただそれだけではない。ユース党のもう一つ重要な役割が、次の世代を育てる場所になっていることだ。穏健党の選挙キャンペーンを担当しているユース党員に「ユース党がなくなったら困ることは何か？」と質問したら、次の世代を育てる機能が失われると回答した。

「デモクラシーは全世代の意見を必要とする。そのため若者の意見を集約する組織が必要。それと次の世代を育てる機能が失われる」

実際、ユース党の幹部メンバーは10代の頃から活動を始めており、幹部になる頃には5年以上の政治キャリアを積んでいる。そして20歳代前半や後半で地方議員になったりと、次のステップに進んでいく（この頃にはすでに10年以上の政治キャリアがある）。こうした状況に対して、日本の学生部は、規模も影響力（権限）の大きさも全く比にならない。日本では、学生部は大人の〝手伝い〟の側面が強く、勉強あるいは補助機関となっている。例えば議員を講師に勉強会を開いたり、議員事務所でのインターンや、選挙ボランティアをしたりだ。

日本の議会の平均年齢は非常に高く、若手議員が少ないのが現状だが、若い頃から活躍できるようにするためには、被選挙権年齢や選挙制度などの制度面だけでなく、ユース党（学生部・青年部）で活動する若者を増やし権限を与え、政治キャリアを若い頃から積めるようにすることも欠かせないだろう。

被選挙権年齢が下がったら、投票率が上がった？

被選挙権年齢が引き下がることによる直接的なメリットはもちろん、若者の声が反映しやすくなることだ。実際、被選挙権年齢が低いほど、議員の平均年齢が低いというデータもある。ただそれだけではなく、同世代が出馬したり、政治家をやることで、政治をより身近に感じやすくなり、若者世代の政治参加が進む可能性も高い。

イギリスでは、２００６年に、下院の被選挙権年齢が21歳から18歳に引き下げられた。その前の選挙、２００５年の総選挙では、18～24歳の投票率はそれぞれ40・４％、38・２％だったのに対し、２０１０年は51・８％、２０１５年51・５％、２０１７年64・７％と大きく上昇した。同じぐらい全体の投票率も上がっていれば、被選挙権年齢の影響は特になさそうだが、全体は４ポイントほど（２００５年61・４％→２０１０年65・１％）しか上がっておらず、若い世代の投票率が特にアップしたことがわかる。イギリスでは、２００２年から中等教育段階でシティズンシップ教育が必修となり、被選挙権年齢だけの影響とは言えないが、それでも同世代に与える影響は大きそうだ（**図表１‐６**）。

仮に日本で被選挙権年齢が引き下がれば、主権者教育の質にも大きな影響を与えると考えられる。現状の日本の主権者教育は、選挙権のみが18歳になっていることから、どう若者に投票に行ってもらうかという、「選挙教育」「有権者教育」になっており、政治家の具体的な仕事内容（法案策定や意見調整など）や、出馬する方法、選挙運動などについて教えられたり、実際に体験する機会はほとんどない。

しかし、仮に被選挙権年齢が18歳に引き下がれば、高校生でも出馬できることから、本当の意味での「主権者教育」に変わるのではないかと期待できる。近年若者の政治参加が進み、

図表1－6　イギリス総選挙における候補者数及び投票率

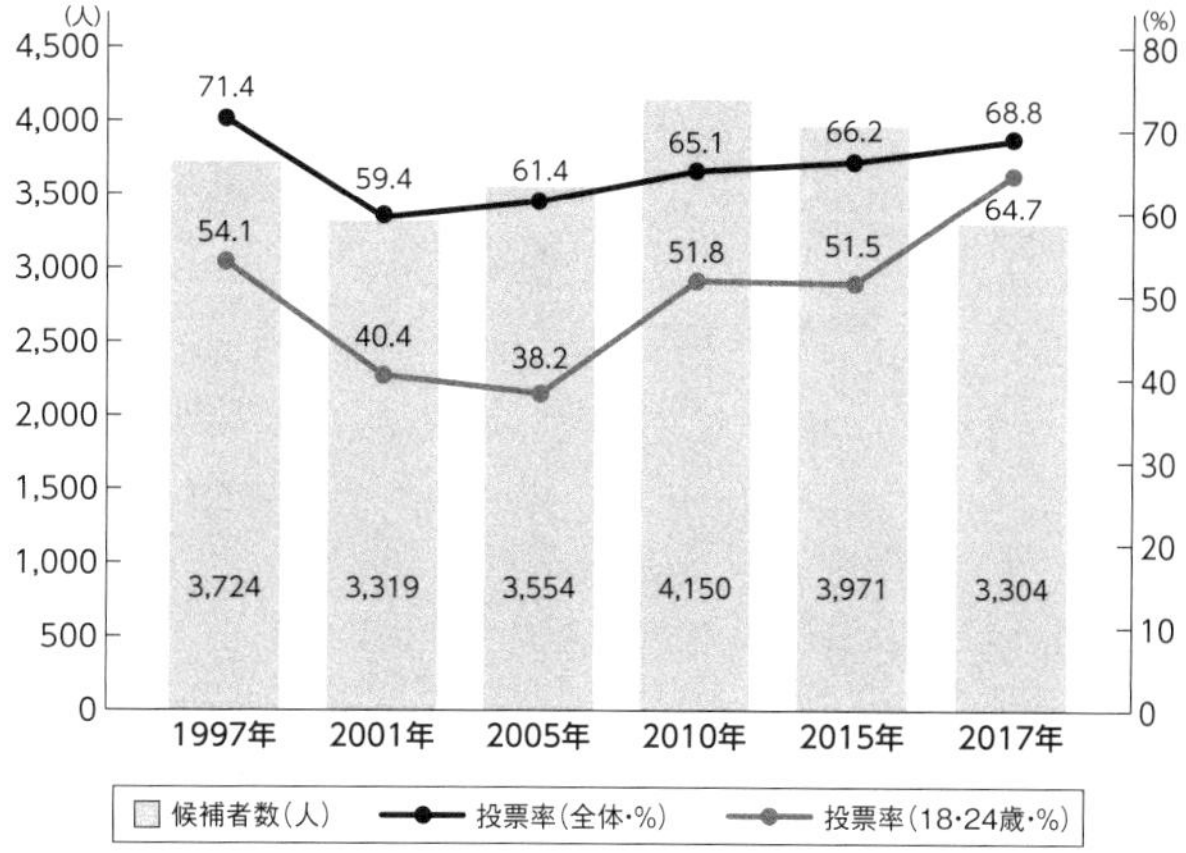

出典：国立国会図書館作成

政策決定に関わる機会も増えているが、いまだ国会、地方議会の中に若者を送り込むハードルは非常に高い。

今後さらに、若者の意見が政治に反映されるように、日本でも被選挙権年齢引き下げの議論が進むことを期待したい。

第二章

子どもの人権が認められていない？　日本の学校

「中学生のころ、私を含む大部分の生徒が、憲法は未成年者には適用されないと思っていた。……本当にそう信じていた。

丸刈りの強制や体罰は、憲法で保障された基本的人権を侵害するものではないか、との問いに、教師は『権利とは決められた義務を果たした後に、初めて与えられるものだ。納税、勤労の義務を果たしていないお前らに、権利を口にする資格はない。子どもにとっては校則が憲法であり、法律だ。校則を守ることを考えろ』と言った。

理路整然と言われると、それが世の中の常識でルールなのだと思ってしまう。憲法上の人権は……子どもにはないものだと、疑うことなく信じていた。憲法が施行されて50年にもなるというのに、いまだに、どうして憲法より校則を優先させるのか。……憲法はだれにでも例外なく適用されるという、常識以前のことを説かねばならないのが、この国の現実なのである」

（朝日新聞1997年5月3日）

「人権無視生む憲法より校則」というタイトルで記された、市民からの投書は旧来の日本の学校教育の一端を見事に指摘している。しかも、〝黒染め訴訟〟（茶髪を黒く染めるよう繰り返し指導され、精神的苦痛を受けたとして、大阪府立懐風館高校の元女子生徒が大阪府に約２２０万円の損害賠償を求めた裁判）で、大阪地方裁判所は「教員らの頭髪指導は違法ではない」「正当な教育目的で定められた合理的なもの」と、生徒側の訴えを退けたように、その投書から20年以上経っている現在においても大きくは変わらない。なぜ、日本の子どもは人権が尊重されていないのか。そうして主体性を奪った結果、いつの間にか「外圧」でしか大きな問題を解決できない国になってしまっているのではないだろうか。少子化にもかかわらず、児童生徒の不登校、自殺の数が過去最多を更新し、明るい未来が見えず、閉塞《へいそく》感漂う最近の日本。この根本的な原因は、子どもたちを抑圧する学校のあり方から来ているのではないだろうか。

ブラック校則がなくならない理由

２０１７年の大阪黒染め強要裁判を大きなきっかけに、「ブラック校則」と呼ばれる理不尽な校則が注目されるようになった。民間団体や弁護士などによる実態調査が進められ、２０１９年、２０２０年頃から徐々に先進的な学校や教育委員会で具体的な見直し方法の検討や実施が行われてきた。２０２１年には、筆者が代表理事を務める日本若者協議会が校則見直しを進める際には、生徒も議論に参加するよう求める提言を文部科学省に提出し、生徒を交えた校則見直しの議論が加速するようになった。そして２０２１年６月に、文部科学省が「校則の見直し」に関する通知を各教育委員会などに発出し、東京都教育委員会では下着の色の指定やツーブロックの禁止などのブラック校則が全廃された。このように着実に改善は進んでいる一方、現場ではまだまだ多くの細かい校則が存在し、明確にルールとして書かれていなくても、指導上、厳しい校則が強いられているケースも多く存在する。

また、２０２２年12月には、教師用の生徒指導に関するガイドブックである「生徒指導提要」が12年ぶりに改訂され、子どもの権利を尊重すること、校則見直しを進める際には生徒の意見を尊重することなどが記載された。こちらも改善が見られる学校もあれば、私立学校を中心に、生徒が声を上げても、ほとんど聞き入れてもらえないケースもいまだ多く存在する。

このように行ったり来たりをしている校則問題だが、生徒を交えた校則議論が広がるのも今回が初めてではない。過去を振り返ってみると、戦後３回、校則見直しの議論は盛り上がっている。

１回目が、戦後すぐから１９５０年代。戦後、ＧＨＱが日本を民主国家にするため、生徒会（生徒自治会）やＰＴＡを導入し、その時、文部省が作成した「新しい中学校の手引」においても、学校を民主化することが記載された。生徒会の目的は「生徒をして、民主社会における生活様式に習熟せしめることである」とし、学校の活動は「民主的でなくてはならない。そのためには、学校は、生徒の活動に関する生徒との協議会をいろいろ持つことが必要である。……いろいろな協議会の中には、校則や、学級のきまりや、学級文庫・学校図書館の規則を推薦するための協議会」と記述している。

　これを受けて、各学校で民主的な取り組みが広がった。例えば、都立第一高校（現在の日比谷高校）の生徒会は１９４９年に「星陵生徒会自治憲章」を制定し、第４条では「（生徒会）会員代表、ＰＴＡ代表、校長で三者協議会をおき、相互の意思疎通をはかる」とされた。しかし、１９５０年には憲章を改正して校長の保留権が入り、生徒自治から「特別教育活動としての生徒会活動」に転換した。それでも、千葉県立東葛飾高校では、１９６９年に生徒会と職員会の二者で「教育制度検討委員会」を設置して話し合い、選択授業・自由研究導入、服装条項以外の生徒心得全廃（１９７２年に制服廃止）、職員生徒連絡協議会の制度化などの改革を実現し、二者協議会は他の学校にも広がっていった。

　だが、進学校で受験シフトが強化されたのに加え、１９７０年代以降、学生運動に対する反発として、抑圧的、管理教育的なアプローチが取られ、民主的な取り組みは萎《しぼ》んでいった。後述する部活動の強制加入も含め、戦後目指してきた日本の民主化教育から、今へと続く管理教育への転換を考えるにあたって「１９６９年」は非常に重要な年になるが、詳細は後で書こう。

　戦後2回目に学校の民主化が盛り上がったのは、１９９０年代。１９８９年に、国連で子どもの権利条約が採択され、日本は１９９４年に批准《ひじゅん》した。これを受けて、子どもの権利条約の意見表明権に基づいた生徒参加論が研究者や日本弁護士連合会（日弁連）などから提起された。その代表例である、長野県辰野高校では、１９９７年に学校に関する事柄を、生徒・教職員・保護者の代表者らが話す「三者協議会」を設置。アルバイトや服装の校則、授業が改善されるなど、生徒、教職員、保護者が、学校運営の主体として意思決定に関わっている。しかし、政府の対応が消極的で、自主的な取り組みだったため広がりには欠けた。

　日本は１９９４年に子どもの権利条約を世界で１５８番目と遅く批准したが、批准した直後の１９９４年5月20日、文部省は「児童の権利に関する条約」について通知を発出した。その中で、「本条約第12条1の意見を表明する権利については、表明された児童の意見がその年齢や成熟の度合いによって相応に考慮されるべきという理念を一般的に定めたものであり、必ず反映されるということまでをも求めているものではないこと」と記載し、暗に子どもの権利条約を批准しても、大きな変化がないことを示した。これにより、先生が決めて児童生徒は従う、というパターナリズムの構造が変わらないままとなった。前述の通り、パターナリズムとは、強い立場にある人が、弱い立場にある人のためを思って、代わりに意思決定することである。しかし、本人の意思は確認しないため、本当に本人のためになっているかはわからない。さらに、数ある選択肢から自分で意思決定（自己決定）する力も育たないなど弊害は多い。

こうした政府の消極的な態度もあり、積極的に子どもの権利条約の中身について周知はされず、子ども本人も、教員も子どもの権利の内容について十分に知らない状態となっている。公益社団法人セーブ・ザ・チルドレン・ジャパンが２０１９年に全国の15歳から80歳代までの３万人を対象に実施した子どもの権利に関するアンケート調査結果（「子どもの権利条約採択30年 日本批准25年３万人アンケートから見る子どもの権利に関する意識」）によると、子どもの権利条約に関して、子ども８・９％、大人２・２％だけが「内容までよく知っている」と回答し、子ども31・５％、大人42・９％が「聞いたことがない」と回答した。さらに、同団体が２０２２年３月に実施したインターネット調査「学校生活と子どもの権利に関する教員向けアンケート調査」によると、子どもの権利について「内容までよく知っている」教員は、約５人に１人（21・６％）のみ。「全く知らない」「名前だけ知っている」教員は、合わせて３割にのぼる（30・０％）ことが明らかになった。

ちなみに、若者の政治参加が世界で最も進んでいるスウェーデンでは、12歳（小学校６年生）時点で、88％の子どもが「子どもの権利条約」について知っているという。この１９９４年の文部省の通知は、今も有効なため、改めて見直し、積極的に子どもの意見表明権を認め、学校や教職員に子どもの意見を尊重するよう求める必要がある。

こうして自主的な取り組みが広がった１９９０年代だが、２０００年代に入ると、トップダウンで物事を決め、生徒の行動も縛る管理教育が強化され、子どもの意見尊重だけではなく、教員同士の話し合いも弱まった。２０００年、学校教育法が改正され、それまで実質的に意思決定機関となっていた職員会議の位置付けを見直し、職員会議は「校長の補助機関」となり、校長の権限が強化された。さらにあたかも職員会議で議論するなと言うように、２００６年には東京都教育委員会が職員会議で、「挙手」「採決」などの方法で教職員の意思を確認する運営を行ってはならないとする通知を都立学校長に出した。２０１４年には文科省が東京都教育委員会と同様の内容の通知を出し、翌年にはそれが守られているかどうかの全国調査を実施して、守っていない学校には是正させた。こうして教員同士の合議制が失われ、生徒に対しても、言われたことを守る態度が求められるようになっていく。２００６年、教育基本法が改正され、そこでは、「国を愛する態度を養う」とともに「規律を重んずる」教育（第六条）が定められ、自分の頭で考えて、批判的に物事を見る子どもより、規律を重んじ遵守《じゅんしゅ》する子どもが「良い子」とされた。そして、翌年には文科省が「問題行動を起こす児童生徒」には毅然《きぜん》とした指導を行うよう通知し、「ゼロ・トレランス」と「スタンダード」が広がることとなった。

「ゼロ・トレランス」とは、１９９０年代にアメリカで広がった生徒指導で、学校側があらかじめ規律と懲戒規定を明示して、それに違反した生徒を例外なく処分するという方法である。トレランスとは、寛容さという意味で、無寛容に対応していくということである。

「スタンダード」は、「授業中は姿勢よく座る」「掃除は黙って行う」「廊下は静かに右側を歩く」といった、持ち物の規定や授業を受ける時の望ましい姿勢などを示したルールである。これが小学校から始まっており、細かく〝正しい〟行動が求められている。こうして、「期待通り」、「上」が決めたルールに自分を合わせる子どもが増えている。６年ごとに定期的に実施している意識調査では、「校則を守ることは当然だ」という質問に対し、「そう思う」と

図表２－１　「校則を守ることは当然だ」という質問への高校生の回答

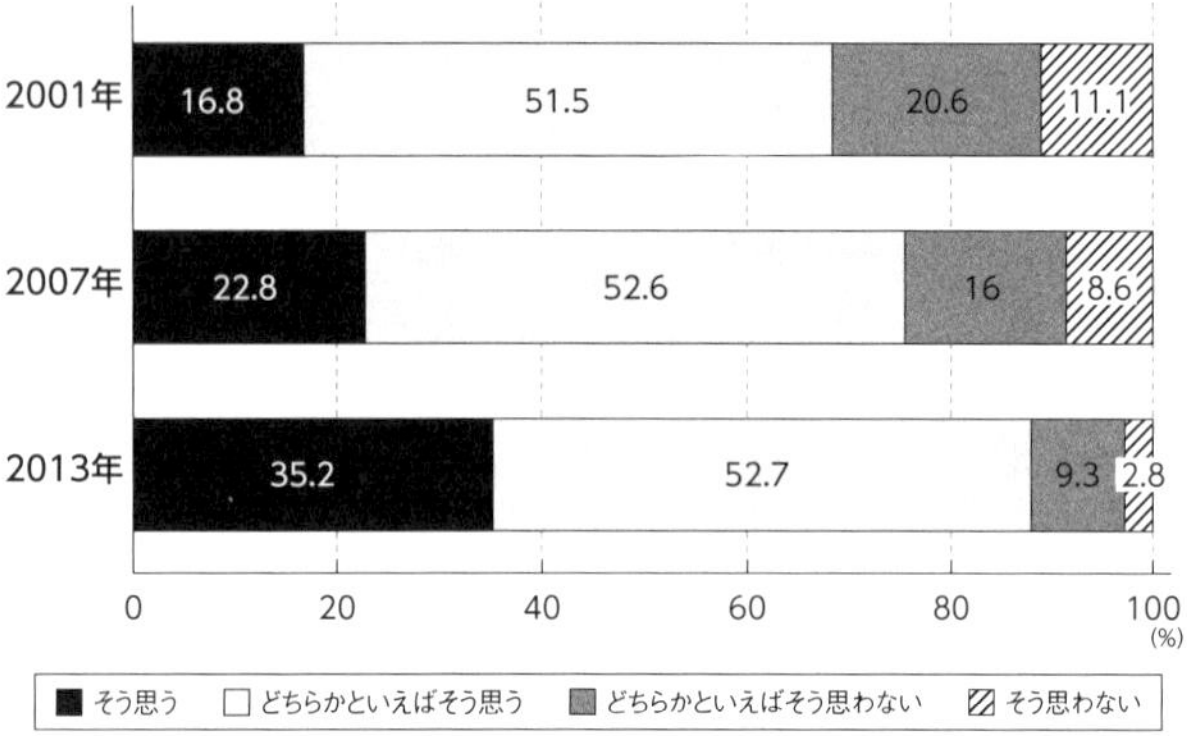

出典：平野孝典（2015）「第一章 規範に同調する高校生」（友枝敏雄（編）『リスク社会を生きる若者たち―高校生の意識調査から』収録）

回答する高校生は着実に増えており、2001年（16・8%）から2013年（35・2%）で倍増している。「そう思う」と「どちらかといえばそう思う」を合わせると、68・3%から、87・9%にまで増えている（**図表2-1**）。

そして、戦後3回目の校則見直しの議論が現在、盛り上がっている。だが、これまでの失敗原因を踏まえて、対策を取らなければ、今回も長続きせず、失敗に終わる可能性は高い。過去の取り組みを振り返ると、失敗した理由は大きく3つ考えられる。

①　子どもの権利や民主主義への理解が足りない

これはすでに紹介したが、子どもの権利条約を批准した後も、学校教育や教員養成課程で子どもの権利について学ぶ機会はほとんどなく、そもそも内容を知っている教員、国民が少ない。民主主義についても、２０１６年の18歳選挙権実現まで、主権者教育が行われてこなかったため、こちらも理解している人は少ない。２０２３年に子どもの権利を定めた「こども基本法」が施行されたが、それまでは子どもの権利について定めた国内法が存在してこなかったことも、子どもの権利が浸透していない大きな理由である。

②　制度の未整備

次が、制度の未整備である。こども基本法ができるまで、子どもの権利について定めた国内法が存在しなかったのに加え、教育基本法や学校教育法などの教育関連法規に「子どもの権利条約」に則した、子どもの権利を尊重することが明記されていない。学習指導要領においても、子どもの権利について記載がない。生徒会活動も生徒自治ではなく、特別教育活動の一環として位置付けられているために、意見を尊重するよりも、教育的、指導的要素が強くなっている。現状は、子どもの権利が認められるか否かは、学校長（校長）や教員の善意に委ねられており、これを制度的に全ての子どもの権利を保障していくように変えなければならない。実際、国連子どもの権利委員会は日本に対し、学校運営への生徒の参加に関して法制度化するよう勧告している。

１１０．意思決定プロセスへの子どもたちの着実な参加は、とくに、学級会、生徒会、ならびに、学校理事会および学校委員会への生徒代表の参加を通じて達成されるべきである。このような場で、子どもたちは学校方針および行動規範の策定および実施について自由にその意見を表明できる。これらの権利は、それを実施しようという公的機関、学校および校長の善意に依拠するのではなく、立法に掲げられる必要がある。

１１１．締約国は、学校に留まらず、教育政策のあらゆる側面について地方および国のレベルで子どもたちと協議するべきである。これには、教育制度、子どもたちに「２度目のチャンス」を与えるインフォーマルおよびノンフォーマルな学習上の便益、学校カリキュラム、教授法、学校の構造、基準、予算策定および子ども保護システムの子どもにやさしい特徴を強化することも含まれる。

１１２．委員会は、締約国に対し、独立した生徒組織の発展を支援するよう奨励する。このような組織は、子どもたちが教育制度への参加役割を適切に果たすことを援助しうる。

(Convention on the Rights of the Child GENERAL COMMENT No. 12 (2009) The right of the child to be heard)

③ 学校内で基本的人権が認められていない

本章の冒頭で書いたように、学校内では憲法で定められている基本的人権よりも、学校の決まりの方が優先される状況が続いている。なぜこのような子どもの人権を侵害する現状が許容されてきたのだろうか。

学校の決まりを憲法よりも上位に位置付ける背景としては、学校当局は「特別に強められ、高められた権力主体」として、生徒に対して包括的支配権を有するという、「特別権力関係論」が援用されてきた。これは、明治憲法下においてドイツから輸入された考え方である。

しかしその後、諸外国においてはこの考え方が大きく見直され、輸入元となったドイツでは、１９７３年に「学校における生徒の位置付けについて」を常設文部大臣会議で決議して、学校と生徒との関係にあった「特別権力関係」を廃止して、「学校関係」（生徒も一般市民の法律と同じルールとする）に転換した。そう、学校内だろうと、犯罪を犯せば、当然法律に則《のっと》って罰則を受けることになる。つまり基本的なルールは法律で整備されており、学校内の特殊なルールは本来、最低限で全く問題ない。

そして、各州が「学校参加法」を定め、人権侵害から子どもを守ることはもちろん、子どもの権利（12条＝意見表明権）を確保するために、小学5年生から学校の最高決議機関である「学校会議」に代表を出して学校運営をしていくことにしている。これはドイツに限らず、欧米では同時期に、大きく見直された。

実際、アメリカでは、１９６９年のアメリカ合衆国連邦最高裁判所判決（ティンカー事件）によって、学校内でも子どもの権利が保障されることが確認された。

「学校という環境の特殊性に照らしても、修正第1条の諸権利は教員ならびに生徒に妥当する。生徒も教員も、言論ないし表現の自由という彼等の憲法上の権利を校門の所で脱ぎ捨てはしないということは、殆ど議論の余地はない」

「禁止された行為が、学校活動に求められる適切な規律の確保要請を実質的かつ相当に妨げることが証明されない限り、かかる禁止は認められない」

「われわれのシステムにおいては、公立学校は全体主義の飛び地であってはならない。学校職員は生徒に対して絶対的な権力を有するものではない。生徒は学校においても、学校外におけると同じく、わが憲法の保障の下にある人間なのである。彼等は州が尊重しなければならない基本的な権利を享受している。それはあたかも、生徒が州に対する義務を遵守しなければならないのと同様である」

２０１１年に校則に関する政令を定めたフランスでは、前文で校則は「規範のヒエラルキーの原理に合致したものでなければならない」として、フランス共和国の憲法、国際条約、法律、規則といったヒエラルキーの下位に置かれるもの、つまり憲法等で定められた子どもの権利の範囲内で、校則を設けるべきであることが示されている。

しかし、日本では特別権力関係論、それに類似した学校部分社会論が援用され続けており、憲法、一般的な法律の範囲を超えたルール（校則）が生徒に適用されている。例えば、バイク禁止校則事件に関する千葉地裁判決（昭和62年10月30日）では、こう判じている。

「学校は生徒の教育の目的とする『特殊な部分社会』であり、そこでこの目的を達成するために、教育上の広範な裁量権と生徒に対する包括的な規律権を有している。したがって、これらの権能にもとづく措置・決定は、一般市民法秩序と直接関係する場合や、重大な権利の侵害が問題となっている場合は別として、学校の内部関係における自律的措置であり、これに対しては原則として司法審査は及ばない」

「学校は公立私立を問わず、生徒の教育を目的とする公共的な施設であり、法律に格別の規定がない場合でも学校長は、その設置目的を達成するために必要な事項を校則等により一方的に制定し、これによって在学する生徒を規律する包括的権能を有し、生徒は教育施設に包括的に自己の教育を託し生徒としての身分を取得するのであって、入学に際し、当該学校の規律に服することが義務づけられる」

こうして、先進国の中では例外的に、日本では裁判所も認める形で、学校内で子どもの権利が制約されているのである。近年になっても、〝黒染め訴訟〟に関する、大阪地方裁判所の判決を見れば、基本的には従来の学校部分社会論が援用され続けている。

さらに、欧米諸国が１９６０年代末の「大学・学校の民主化」要求運動や、１９８９年の子どもの権利条約の採択以降、子どもの意見表明権を確保するために、制度的に学校運営への生徒参加を保障、つまり学校を民主化している流れとは大きく逆行し、日本では校長の権限強化、さらに管理と規律の強化が進められている。

このように、日本の学校は民主主義国家の中で特異な体系になっていると言っても過言ではない。しかしはたして、校則は憲法より上位の存在、その校則の権限は校長に絶対的に委ねられている現状のままで良いのだろうか。校則に限らず、政治活動の制限、つまり生徒の意見表明の自由、集会の自由の制限など、学校内外に関する様々な内容で同じ問いが投げられる。

最終的にはどのような人材を育てたいのかという話と大きく関わってくるが、受動的にルールを守るだけの人材か、能動的に社会を作っていく人材か、民主主義を尊重する人か等、各国で、子どもの基本的人権を守るために、学校も含めて制度化が進んだように、日本においても、憲法・法律と校則との関係、校則の決め方（校長の権限強化）の再考が求められているのではないだろうか。

部活動の強制加入

ルールで児童生徒の行動をがんじがらめにしているのは、校則だけではない。その一つが、部活動である。２０１７年度にスポーツ庁が実施した運動部活動等に関する実態調査によると、公立中学校の30・４％、公立高校の15％が部活動は「全員が所属し、活動も原則参加する」、実質的に強制加入の状態となっている。しかし本来、学習指導要領によれば、部活動は「生徒の自主的、自発的な参加により行われる」とされており、制度上は「参加は任意」となっている。また２０１８年３月にスポーツ庁、12月に文化庁がそれぞれ運動部・文化部の「活動の在り方に関する総合的なガイドライン」を策定し、部活動への参加を強制しないよう留意しなければならないことを、本文、Ｑ＆Ａで明記している。

にもかかわらず、いまだに部活動強制加入が続いている。岩手県内の中学校では、２０２０年度、任意加入は１５０校中60校で、６割の学校が「強制加入」となっている。

三重県では、県の部活動ガイドラインでは、生徒の部活動への加入は「自主的、自発的参加である」と明記しているにもかかわらず、県内の県立高校13校の一部もしくは全生徒に対し、事実上、部活動の入部を強制していたことが明らかになっている（２０２２年3月11日、三重県教育委員会の定例会にて）。日本若者協議会のもとには、生徒から部活動が強制加入になっている実態を改善してほしいという声が届いており、生徒全員は強制でなくても、特進コースは任意で、普通コースなど一部のコースのみ強制されているケースや、入部が「暗黙のルール」とされているケースも存在し、実態としてはスポーツ庁の調査よりも多くの学校で強制加入になっている可能性が高い。

　では政府がガイドラインを作っているにもかかわらず、なぜ部活動の強制加入は続いているのか。その理由としては、大きく7つ挙げられる。教員へのアンケートサイトである「フキダシ」で、部活動の必須加入に関するアンケートも実施したため、その回答結果も参考にしながら、背景を整理していきたい。

①　歴史的背景

　今では、「生徒の自主的、自発的な参加により行われる」とされる部活動だが、20年ほど前まではクラブ活動が全員必修であった。

平成元年（１９８９年）の学習指導要領改訂までは、特別活動として週１回行う「クラブ活動」が必修で位置付けられており、同年の改訂で、中学・高校ともに、教育課程外活動の部活動をもって代替できることになった（「部活動代替措置」）。結果的に、全員が部活動に参加する流れになっていったが、その後、中学校では平成10年（１９９８年）、高校では平成11年（１９９９年）改訂の学習指導要領で必修のクラブ活動は廃止され、部活動は任意参加の、課外活動の一環として行われるようになった。

しかし、これまで全員参加になっていたため、そのまま依然として残っている。また、１９８０年代頃までは、今より学校が荒れていたため、放課後自由にさせない、部活を通して指導する、という成功体験を、まさに今の校長世代が経験していることも大きい。

さらに、名古屋大学・内田良教授らの調査によると、部活動が教育課程外であると正しく認識できている現役教員は56％程度しかいないという結果になっており、そもそもあくまで「任意参加」のものであると認識されていない。

② 教育的意義があると思われているから

前述の生徒の「荒れ」への対応策としての側面もあるが、部活動によって規律や自己肯定感を高めるなどの教育的意義が挙げられる。筆者も学生時代はずっと（好きで）サッカー部に所属しており、その意義は否定しない。ただ、部活動を通してしかそういった規律や努力の方法などを学べないかというと、全くそんなことはない。

全然やる気もない部活動を強制的にやらされても、むしろ嫌いになる可能性の方が高いのではないだろうか。また同じ学校内だけの部活だと、非常に狭い、閉じた関係性になるが、学校外のコミュニティに参加することができれば、その分様々な人と知り合うこともでき、種類が限られた部活動よりも、趣味の範囲が広がる可能性も高い。

よく「生徒数の減少で部活動の数を維持できなくなっているから」という声も聞くが、そもそも同じ学校内で様々な部活動をやってきたこと自体、異常だったのではないだろうか。実際、他の国々では部活動はあまりなく、地域コミュニティの一環でクラブが存在する。

生徒の部活動強制加入や、教師の全員顧問就任、無報酬によるタダ働き、そうした「犠牲」の上に成り立っていただけである。

そして子どもの減少や、教員の多忙化によってこれまで以上に無理が生じており、見直すべき時期に差し掛かってきている。

「部活動をやっていないことで、関わる先生が減るため、色々な見方からの指導ができなくなる。地域によっては、部活動をやって子どもを疲れさせてから帰らせたり、休日も学校に行く必要を作り出すことによって、地域の治安を維持していたりすることもあるから。また、受験時に部活動で頑張ったことを聞かれたり、資格や成績によっては推薦の条件にあてはまることがあるから」

（学校現場の声を見える化するＷＥＢアンケートサイト「フキダシ」）

「部活動は教育課程外の活動なので、それを必須にして生徒の意思を無視した状態で行うのはおかしいと思います。放課後の時間は個人のものであり、自由選択で自分らしく生きられる時間として位置づけてあげたいです。

また生徒を必須加入させることは、教師も必須担当（指導）せねばならぬ状況につながります。勤務時間内ももちろんですが、勤務終了後や土日のボランティア参加等、こちらも本人の意思に反して半強制的に行われます。必須加入かそうでないかに関わらず、この法外な働き方は大きな問題をはらんでいます。

世界各国を見渡しても、かなり異質な教育活動。同質性を押し付け、それぞれが個性豊かに生きることへの不安を植え付けます。多様な生き方を尊重する意味でも、部活動は自由選択であるべきだと思います」（同アンケート結果）

③ 部費を生徒会費として全員分徴収しているから

意外と知られていないのが、部活動に関するお金のやり取りだ。部活動をやる場合には、もちろんその部活に関連した費用はかかるが、「学校諸費」として、生徒全員から徴収されている。その名目は必ずしも「部活動後援会費」のような「部活動」に限定されず、生徒会費として徴収されたお金が部活動に回っている場合もある。学校側からすれば、全員からお金を徴収しているため、全員に部活動に入ってもらわないと困る、という理屈である。

④ 中体連等への加盟費を全校生徒の人数分、支払っているから

こちらも費用に関係しているが、中体連等、大会を運営している組織にお金を払っているために、全員部活動に参加すべきであるとなりやすい。

逆に言うと、中体連としては、大会等の維持運営のために全員からお金を徴収しなければ成り立たない、という論理もある。

⑤内申&入試に影響するから

部活に入るべきという圧力は、必ずしも学校（教員）からだけではない。高校入試に影響するため、保護者が入るのを勧めるというのもある。実際、地域によっては、部活動の成績が内申点に加点されており、部長をやっていれば、入試に有利に働きやすいというのもある（噂も含め）。

⑥同調圧力

学校入学の最初の1学期だけ加入という学校も珍しくない。その後は、任意で辞めて良いというものである。しかし実際は、中学生が学校の先生に「辞めたい」というのはハードルが高く、学校によっては、顧問だけでなく、3人の教員のサインが必要としているケースもある。これでは暗に「辞めるな」と言っているようなものである。

ある国立の中学校では、こうした事態を防ぐために、毎年入部届を出す仕組みにしており、辞めるハードルを下げる工夫を行っている。

⑦生徒を学校に囲う論理

これまで述べてきた内容と大きく関連するが、放課後まで生徒を管理したい、管理してもらいたい、という双方のニーズが、学校、保護者、地域住民に根強く残っている。

その根底にあるのは、放課後自由にしたら、何をするかわからない、という生徒への信頼のなさ（過度な子ども扱い）や、生徒が放課後に何か問題を起こしたら学校の責任にする保護者や地域住民の意識、社会全体の問題である。

「私の学校は全員加入である。外部のスポーツクラブに通っている生徒も、何かしらの部活動に所属しなければならない。なぜ、全員加入なのかと職員会議で質問したところ、『放課後の活動を把握できない』『放課後に問題が起こる可能性がある』『家にいる時間が増えれば、ゲーム・スマホ依存につながる』などと管理職から言われた。

『放課後の活動を把握できない』『放課後に問題が起こる可能性がある』……

この2つについては、生徒を管理するという学校の、教師の姿勢が丸出しだと感じた。

なぜ、把握しなければいけないのか。放課後は、家庭に子どもをかえすべきである。自由な時間がなさすぎる。今の子どもたちは、窮屈な生活だと感じる。

『家にいる時間が増えれば、ゲーム・スマホ依存につながる』……

家庭の指導力の問題だ。家で１人になると、好き勝手やらないか心配だから学校で面倒みなければというボランティア精神なのだろうが、学校は託児所ではない。我々教員にも、家族がいるはずだ。他人の子どもの面倒を見て、どうして自分の子どもを、家族を犠牲にしなければならないのだろうか」

（学校現場の声を見える化するＷＥＢアンケートサイト「フキダシ」）

このように、管理教育の象徴となっている部活動の強制加入だが、学生はどう思っているのだろうか。

日本若者協議会が２０２２年３月に、学生（中学生・高校生、近年卒業の大学生）向けにアンケートを実施したところ、「どちらかと言えば賛成」も含め、96%が部活動の強制加入の撤廃に賛成と回答（**図表２-２**）し、その理由としては、「他にやりたいことがあるから」「学業への支障」「教員の労働環境が過酷だから」「ストレス、休日まで拘束してほしくない」

図表２－２　「部活動の強制加入はなくすべきだと思いますか？」という質問への学生の回答

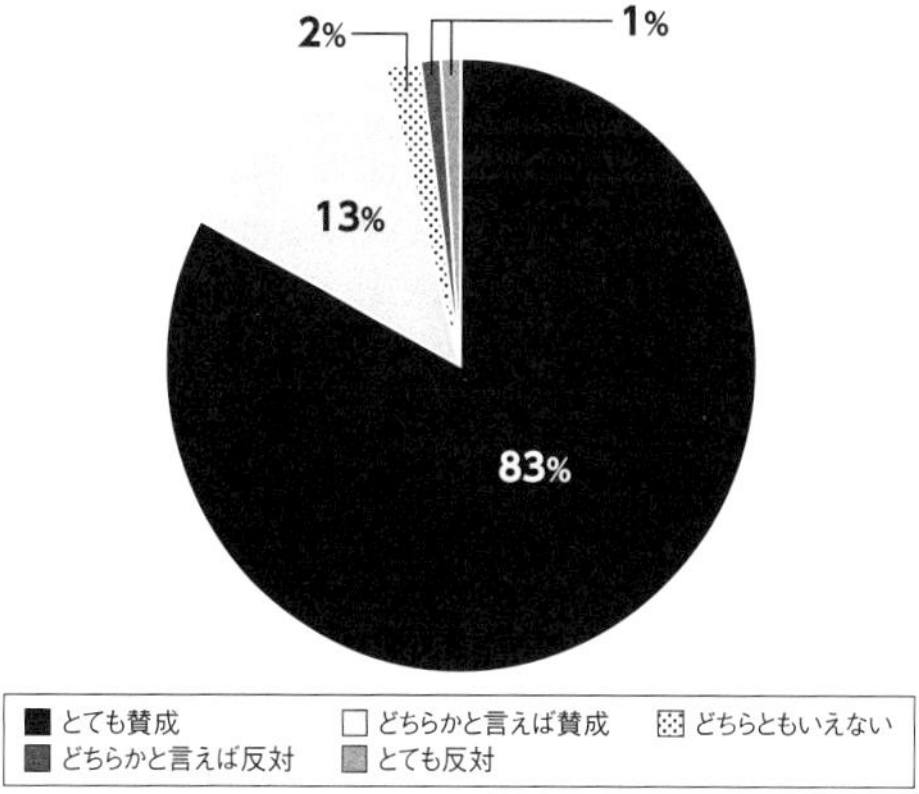

出典：日本若者協議会「部活動強制加入に関する学生向けアンケート結果」

図表２－３　「所属している／していた学校の部活動は強制加入になっていましたか」という質問への学生の回答

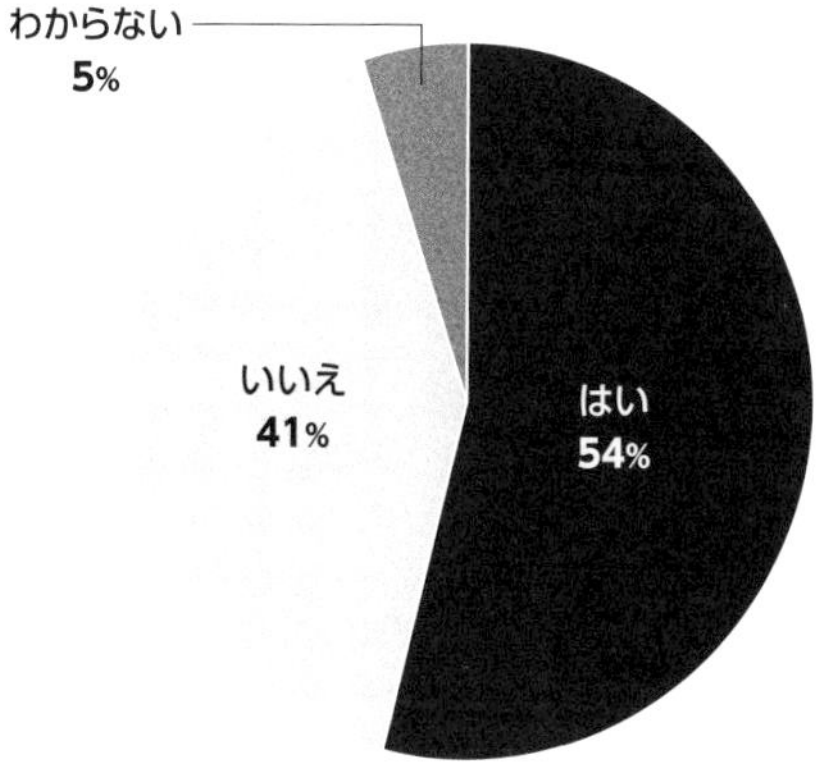

出典：日本若者協議会「部活動強制加入に関する学生向けアンケート結果」

「子どもの自由を尊重すべき」といった点が挙げられた。いくつか回答内容を抜粋しよう。

「やりたい生徒とやりたくない生徒が同じ熱量で部活に打ち込めるとは思わないし、生徒間のトラブルの原因になるから。また、部活の時間が先生の勤務時間を圧迫するのはおかしいと思うため」

「勉強時間が取れなかった。授業が終わるとすぐ部活なので授業でわからなかったところを質問に行く時間もない。やりたくない部活にお金をかけたのは本当に不満だった」

「課外活動の選択の自由がほしい。部活でなく、自分の時間や自分のやりたい習い事を優先したい。同調圧力以外の何も学ぶことがなかった」

「美術部だったのですが、一番緩かったがために幽霊目的の部員が押し寄せ、真面目にやりたい身としては困りました」

「入部しないと言ったら、生徒指導室に連れて行かれ、部活に入れと高圧的な態度を取られ、パワハラを受けた。入学早々不登校になり、心療内科に通い、出身中学校に相談に行き、5月中旬に中退した。恩師の助言もあり、他の公立高校を再受験し、春から高校一年生として再出発します」

「部活動を強制されることで自由な学びが制限されていることが問題だと考えます。バイトで実際の労働をやってみるもよし、もっと自主的に勉強したい分野を極めるもよしで、学生に大学生のような自分で自分の人生を設計する楽しさ大変さをもっと早くに味わって頂きたいと考えるからです。もっと子どもに早く失敗を経験させて下さい。子どもを信じて手放しましょう」

部活を真剣にやりたい生徒にとっても、本当は他のことをやりたい生徒にとっても、デメリットの大きい部活動の強制加入。制度上、任意加入となっているからという理由だけでなく、生徒の自主性、主体性を尊重するのであれば、当然任意加入であるべきだ。そのためには、生徒会活動と同様に、部活動も、教育活動の一環ではなく、健康や生涯スポーツ、趣味を見つけるといった、人生を豊かにするための学校外活動へと見直していく必要があるのだろう。

これに対し、日本若者協議会では、部活動の任意加入の徹底や、入試における部活動欄の廃止などを求めて、スポーツ庁に要望書を提出。その後、２０２２年６月、スポーツ庁の「運動部活動の地域移行に関する検討会議」の提言において、「部活動強制加入は不適当」であること、「退部が高校入試で不利にならないように」といった内容が記載された。

また部活動の強制参加は、自分の部活だけにとどまらない。中には、野球部の応援に強制参加させる学校も存在する。実際そうした声が日本若者協議会のもとに届いており、過去には、吹奏楽部がコンテストの大会出場を諦め、甲子園の応援を優先した事例もある。ただでさえ、炎天下で熱中症のリスクの高い、野球の試合観戦。こちらも同様に見直していく必要がある。

子どもの権利とは

こうしたブラック校則や部活動の強制加入などの問題が存在する最大の理由が、子どもの権利の考え方が浸透していないからだ。

そもそも子どもの権利とは何か。第一次・第二次世界大戦によって多くの人々が犠牲になり、二度と悲惨な出来事を繰り返さないために、世界は連帯して基本的人権を尊重する動きを本格化させることになった。その反省から戦後まもなく設立された国際連合において１９４８年に採択された「世界人権宣言」は、全ての人が生まれながらに基本的人権を持っていることを、初めて公式に認めた宣言である。権利とは、「あたりまえ」の意味であり、誰しもが、命が守られ、健康的に、自分らしく過ごせることを「あたりまえ」にしていこう、というのが基本的人権保障の考え方である。この「世界人権宣言」自体は法的な効力を持っていないが、その後、国連や国際社会はこの宣言が目指す社会を実現していくために、国際的な法律である条約を整えてきた。全ての人が平等に持つ基本的な人権を守るため、例えば、１９６５年には「人種差別撤廃条約」、１９７９年には「女子差別撤廃条約」が採択された。そして、子どもの基本的人権を包括的に保障するための枠組みとして、１９８９年の第44回国連総会にて「子どもの権利条約」が採択され、１９９０年に発効した。日本は、１９９４年にこの「子どもの権利条約」を批准し、現在、全世界で１９６の国と地域が締約する、世界で最も広まった人権条約となっている。なお、日本では国際条約が軽視されがちだが、批准した条約は国内法としての効力を持っており、憲法・条約・法律の順に優先される。

「子どもの権利条約」は、子ども（18歳未満の人）を保護の対象としてだけではなく、ひとりの人間として認め、権利の主体として捉えていることに大きな特徴がある。子どもは、大人から保護や指導を受けるだけの存在ではなく、独立した人格と尊厳を持ち、自己決定しながら成長していくことができる存在である、と考えられている。とはいえ、子どもが成長するためには大人の支援が必要である。そのため、子どもの権利条約には、子どもの健やかな成長のために必要な、保護される権利、配慮される権利等についても定められている。

中でも、子どもの権利を尊重し実践していくために、４つの原則が重要だとされている。

・生命、生存および発達に対する権利（命を守られ成長できること）

すべての子どもの命が守られ、もって生まれた能力を十分に伸ばして成長できるよう、医療、教育、生活への支援などを受けることが保障される。

・子どもの意見の尊重（意見を表明し参加できること）

子どもは自分に関係のある事柄について自由に意見を表すことができ、おとなはその意見を子どもの発達に応じて十分に考慮する。

・子どもの最善の利益（子どもにとって最もよいこと）
子どもに関することが決められ、行われる時は、「その子どもにとって最もよいことは何であるか」を第一に考える。

・差別の禁止（差別のないこと）
すべての子どもは、子ども自身や親の人種や国籍、性、意見、障がい、経済状況などいかなる理由でも差別されず、条約の定めるすべての権利が保障される。

よく誤解されがちな点を補足すると、子どもの意見を尊重すること＝全ての意見をそのまま受け入れるということではない。もちろん子どもの意見でも、不十分な点はある。その時は、より最適な形、子どもの最善の利益につながる意思決定をする必要がある。ただこの時に重要なのが、きちんと反映されなかった理由を伝えることであり、対等な立場で意見を交わすことである。

また子どもの権利の考え方では、０歳から全ての子どもが権利主体者であるとされている。つまり、笑ったり、泣いているのも意見表明の一種であり、幼い子どもの意見表明権保障のために、その意思を汲《く》み取る力が保育者に求められている。

子どもの権利条約は前文と54条からなり、例えば第31条には、その年齢に適した遊びやレクリエーション活動に参加する権利、休息及び余暇の権利が明記されている。ただ日本の現状では、本来その役割である、部活動も勝利至上主義になってしまっており、子どもの意思が尊重されることは少なく、能力主義のもと子どもが序列化されている。また受験勉強や部活で忙しすぎるなど、十分な休みや余暇の時間を取れておらず、様々な点で子どもの権利が適切に保障されていない。

声を上げた結果、無力感を抱いている

日本の学校では、この子どもの権利をきちんと理解せず、尊重していないために、子どもの発達に大きな弊害が出ている。その一つが、幼少期から民主主義を経験できないがゆえに、社会参加や政治参加の意欲が失われている点である。

第一章で書いたように、日本では、「自分の行動で、国や社会を変えられると思う」とい

う感覚（政治的有効性感覚）が非常に乏しく、実際、政治や社会に参加する国民は少ない。なぜこの有効性感覚が乏しいかというと、幼少期から自分の声が大事にされた経験が少ないからである。政治参加が活発なヨーロッパやアメリカでも、先天的に自分には社会を変える力があるという感覚を持っているのではなく、実際に集団の中で意見を発し、それが受け入れられた経験を何度も重ねた結果、自分には社会を変える力があると、自信につながり、積極的に政治や社会に参加するようになるのである。

しかし日本では、義務教育課程で、参加の意欲を増すどころか、マイナスの影響を受けて、参加の意欲を削《そ》がれている。なぜなら、児童・生徒にとって最も身近な社会である「学校」の場が自身（児童・生徒）の意見を尊重してもらう民主主義の実践の場になっていないからである。

実際、政治や地域への参加どころか、それよりもだいぶ規模の小さい学校ですら、「変えられる」と思っていない。日本若者協議会が２０２０年11月に実施したアンケートによると、回答学生７７９名のうち、「児童生徒が声を上げて学校が変わると思いますか？」という問いに対し、約70%が「（どちらかというと）そう思わない」と回答している。

理由は、「（生徒会の）候補者が何度も校則を変えると言ってきたけど変わったことはな

図表２－４　「児童生徒が要望・提案を行った時、教職員はどのような対応をしますか」という質問への学生の回答

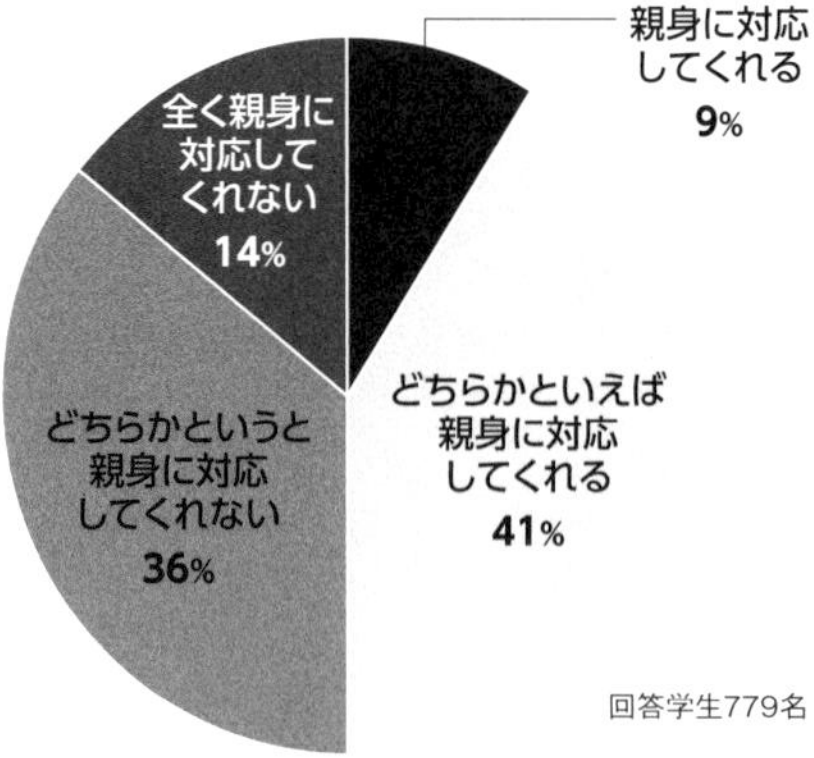

出典：日本若者協議会「学校内民主主義」に関する生徒/教員向けアンケート結果まとめ

い」（鳥取県・私立高校　生徒）、「実際に学校に陳情したことがあり、受け入れる旨の回答をもらったが、後にほとんど対処してもらえていなかった事がわかった」（奈良県・私立高校　生徒）、「どうしても変えたいという要望を持ち、声をあげたとしても、『それはしょうがない。生徒なんだから』とまるで取り合ってもらえないから」（千葉県・国公立中学校　生徒）など。学校内で声を上げてきた経験から、こうした感覚に陥っている様子がうかがえる。

「参加」したことが、社会に対する参加意欲を増すどころか、逆にマイナスの影響を与えてしまっているのである。つまり、学習性無力感（不快だとわかっている状況でも「自分

図表2－5　子どもの参画のはしご

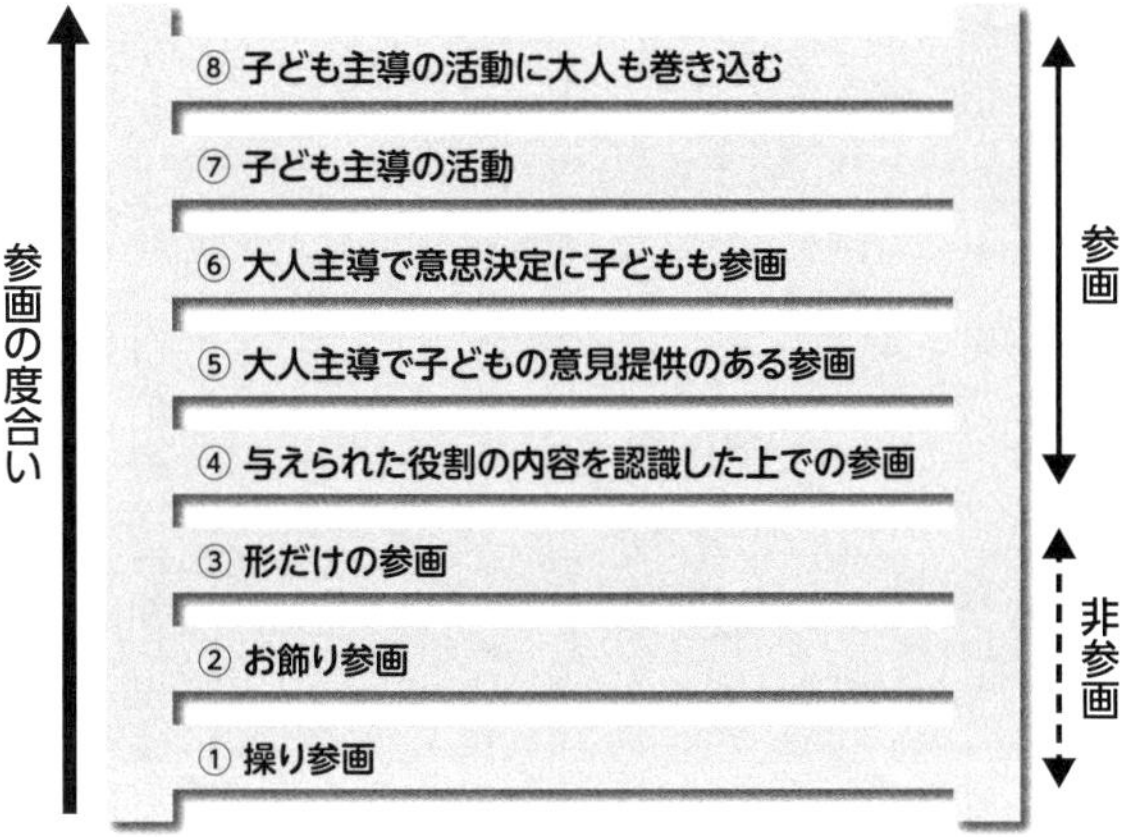

出典：「子どもの参画のはしご」ロジャー・ハートから筆者作成

は無力なんだ」と学習してしまい、抵抗や回避をしなくなってしまう）に陥ってしまっている。

　なぜこうした結果になってしまっているのか。それは、大人が正しく子どもの権利を理解しておらず、「形だけの参加」になってしまっているからである。

「形だけの参加」とは何か。ニューヨーク市立大学教授の環境心理学者であるロジャー・ハートは、「子どもの参画のはしご」で参画の段階を8つに分け、下三段を「非参画状態」として批判している（**図表2－5**）。下から、大人が言いたいことを子どもに言わせる「操り参画」、問題自体を理解させずに意見表明の場面でだけ表に立たせる「お飾り参画」、子どもに意見は言わせるが、実際の決定には反映させない「形だけの参画」である。表面上は「参加」していても、子どもが影響を与えているわけではない。

しかし、学校の自治組織である生徒会や「子ども議会」など、「形だけの参画」「お飾り参画」「操り参画」の取り組みが日本には非常に多い。これを真の意味で、子どもの権利を尊重し、意見を反映させるためには、子どもに権限・影響力を与え、上の段階へと上げる必要がある。

特に日本に欠けているのが、6番目の「大人主導で意思決定に子どもも参画」、8番目の「子ども主導の活動に大人も巻き込む」である。

欧米では学校の意思決定機関である学校協議会に、生徒代表が席を持ち、一緒に意思決定をしていることが一般的だが、日本の学校ではほとんど見られない。また本来、学校行事は子どもたちのために実施するものであるため、生徒が企画を立て、大人は協力する形が望ましいが、これも多くはない。

まずは子どもにとって最も身近な「社会」である、学校で民主主義を経験できるようにする。それによって、次はより大きな「社会」である、地域や国政に参加するようになるのではないだろうか。そしてそのためには、子どもを信頼し、権限を渡していく必要がある。

誰しもが基本的人権を持っている、つまり、全ての人は生まれながらにして権利主体ではあるが、最初から権利行使できるわけではない。行為する権利主体になるためには、子どもから大人への成長過程で、きちんと練習するプロセスを踏まなければならない。今の日本は、数学や国語などの科目に関しては何度も練習するが、民主主義や権利行使といった社会を生きる上で重要な取り組みに関しては、あまりに練習できる場が少ない。まずは、失敗を含めて、何度も練習できる場を大人が用意しなければならない。

過度に競争的な教育システムが子どもの主体性を奪う

「学校では、テストの成績や課題、ボランティア活動など、学校推薦や内申点ばかりを気にした学校生活になっている。結果的に、生徒同士で足の引っ張り合い、いじめ、生徒同士の優劣が生まれている。先生も学力が優秀な生徒を評価しがち」

「先生や規則に従うのは一見すると楽だけど、従うことに慣れ、自分の考えを持つことや、疑問に思う人が少ない。生徒が発言せず、先生になんでも従っている。先生は生徒の意見を反抗的だと評価する。生徒も先生の意見が一番だと思っている」

子どもの権利が尊重されていない弊害のもう一つが、子どもの主体性が奪われている点である。

日本若者協議会では、学校で子どもの権利が保障されていないのではないかという問題意識から、２０２２年９月、「学校における子どもの権利保障を考える検討会議」を設置。「こども基本法」施行後を見据え、当事者である児童生徒が中心となり、子どもの権利を尊重した学校とはどのような姿なのか、どのように教育を変えていくべきなのか議論を重ねてきた。

２０２３年６月には、検討会議の議論を踏まえた提言『学校も「こどもまんなか社会へ」「学校における子どもの権利保障」に関する提言』を文部科学省の伊藤孝江大臣政務官に手交した。

冒頭の発言は、検討会議の議論の中で出てきた中学生の発言である。これ以上ないほど、日本の学校の問題点を適切に指摘しているのではないだろうか。

２０２０年度から導入されている学習指導要領に「主体的・対話的で深い学び」が記載され、探究学習なども広がりつつある。一方、内申書や入試があることによって、本当の意味で主体的な学びになっておらず、あくまで内申書や入試のための勉強、学校生活になっている。

実際、中村高康・東京大学教授らが行った調査（２０２０年３月、各都道府県の高校生男女計約３０００人を対象に実施）によると、中学３年生の約８割が内申書（調査書）を意識して学校生活を送っている。

内申書を意識した行動としては、64・９％が「校則を守った」、50・２％が「部活動に積極的に取り組んだ」と答えている。また、生徒会役員に立候補した生徒のうち、内申書を意識して立候補した生徒の割合は73・３％に上り、部活動の部長・副部長も76・４％が内申書を意識して立候補していた。

さらに、「先生に反発しないようにした」という生徒の割合も49・６％に達し、「先生から『内申書に書くぞ』といわれた」と答えた生徒が15・５％と、教員側も内申書を〝利用〟していることがわかっている。

このように生徒たちは、常に他者の目線（評価）を気にした学校生活を送らざるを得ない状況となっており、それが息苦しさにつながったり、自己肯定感の低さを生み出したりしている。

自分の思いよりも、先生からの評価を気にする、こうした現状を問題視した広島県では、２０２３年春の入試から、内申書を簡素化し、学習記録（内申点）だけの記載に改め、ボランティアやスポーツ、生徒会活動などの記録欄は廃止する。代わりに、全ての受験生に面接のような形で自身をアピールする「自己表現」を課す。

こうした「改革」を平川理恵・広島県教育長が進めた大きな理由の一つに、子どもの声がある。広島県の入試制度の改革案へのパブリックコメントを募ると、子どもたちから３００件以上の意見が寄せられ、「内申点にビクビクしながら色々なものを犠牲にしてきた」という意見が多かったという。

「評定」の悪影響も大きい。学力向上のためではなく、客観的な指標作りのためのテストが行われるだけでなく、小さい頃から「評定」によって子どもが序列化され、自己肯定感の低下につながっている。この悪影響から、諸外国では中学校まで、成績の数値化や順位付けをしないなど、子ども一人ひとりの個性や可能性を大事にしている。

なお、「評定」と「評価」は異なる。

「評定」が一律の基準によって数値化・序列化するのに対し、「評価」は個別の進捗《しんちょく》や課題などを確認するもので、個人が成長していくためには欠かせない。

さらに、中高一貫校（高校時点での募集停止）の増加や公立学校の質低下によって、中学受験も珍しくなくなっている。結果的に、小学校の頃から、夜遅くまで塾に通うなど、競争的な教育環境によって、子どもに過度なプレッシャーや時間的余裕のなさを与えている。子どもの自殺や、不登校（登校拒否）の児童生徒数が過去最多になっていることと無関係ではないだろう。

はたして、ほぼ全ての子どもが高校に進学する中で、学校単位の高校入試は必要なのだろうか。高校受験が存在するために、中学校段階で、評定や調査書が必要になり（そのためのテストや宿題も）、競争を生み出している。

「学力世界一」とも言われるフィンランドで、さらなる教育の平等や高スキル人材の育成のため、２０２１年８月から義務教育期間が高校まで延ばされたように、日本も高校までの義務教育化を検討する時期に差し掛かっているのではないだろうか。少なくとも、今や学校単位の高校入試を行っている国は日本ぐらいである。同じアジア圏である韓国では、受験競争を緩和するために、高校受験を廃止している。基本的には中学校と同じように、近所の学校に通うようになっている。

他にも、文科省に提出した提言に含めているように、選択の余地の少ない時間割、厳しいルール（校則）、全国学力テストや大学入試における共通テストなど、子どもの主体性を奪う仕掛けが数多く存在する。

このように、日本の学校では常に他者に評価され、主体性が発揮できず、競争に駆り立てられている。結果として非常に〝優秀な〟人材が育成され、国の成長につながっているならまだしも、日本経済も低迷の一途を辿《たど》っている。どこか根本的に間違っているのは明らかである。

その時ヒントになるキーワードが、子どもの権利、子どもの最善の利益ではないだろうか。「子どもの最善の利益」は、英語では「the best interests of the child」。つまり、子どもの興味関心を第一に考慮するということである。

現状、日本の学校、教育制度がそうなっているかと言えば、程遠いと言わざるを得ない。

管理型の教育から、子どもの権利を重視した、信任型の教育へ。公教育の目的を再認識し、大きく作り替えなければ、子どもも国も、そして教員もますます不幸になっていく気がしてならない。

自殺の少ない町の予防因子とは

子どもの自殺は、２０２２年に５００人を超えて過去最多となった。なぜここまで自殺する子どもが増えているのだろうか。通常、増加要因を分析していくのが一般的だが、これまでそれによって成果が出ていないことから、今回は逆に、自殺の「少ない」地域の特徴を見ていきたい。そこに自殺の予防手段を見出《みいだ》すことができるのではないかという思いからだ。

岡檀・一橋大学経済研究所客員教授が書いた『生き心地の良い町』では、全国でも極めて自殺率の低い「自殺〝最〟希少地域」である、徳島県南部の太平洋沿いにある小さな町、海部《かいふ》町《ちょう》（現海陽町）を徹底的にフィールド調査し、５つの自殺予防因子をまとめている。

自殺予防因子その一

――いろんな人がいてもよい、いろんな人がいた方がよい（多様性を尊重する）

海部町では、赤い羽根募金を募っても「何に使われるかわからないものに金は出さない」と一蹴されたり、高齢者を地域の老人クラブに勧誘しても「俺はいい」と断られたりと、周辺地域の中で募金額や加入率が最も低いという。しかし、それを咎《とが》める人もおらず、それぞれが自由に選択して、生きている。ともすると、こうした田舎町では、同調圧力が強く、勝手な行動を取ると浮いてしまう。しかし海部町では、そうした空気が一切ないという。

特別支援学級の設置についても、近隣地域の中で海部町のみが異を唱えており、設置に反対する理由として町会議員はこう説明する。

「他の生徒たちとの間に多少の違いがあるからといって、その子を押し出して別枠の中に囲いこむ行為に賛成できないだけだ。世の中は多様な個性を持つ人たちでできている。一つのクラスの中に、いろんな個性があった方がよいではないか」

また住民へのアンケートでは、「あなたは一般的に人を信用できますか」という質問に対し、「信用できる」と答える人の割合が他の町より高く、「相手が見知らぬ人である場合はどうですか、信用できますか」という質問に対しても、信用度はほとんど下がらなかった。つまり、相手が身内であるかよそ者であるかによって大きく態度を変えない、排他的傾向がより小さなコミュニティであると解釈できる。

自殺予防因子その二

――人物本位主義をつらぬく（地位や学歴、家柄を重視しない）

こうした地方の小さい町であれば、年功序列などの文化がより根強く残っていそうであるが、海部町では地位や学歴・家柄に囚《とら》われず、能力があると見れば新しく町に引っ越してきた新参者をリーダーに抜擢《ばってき》するなど大胆な人事がよく行われるという。実際、教育長に商工会議所に勤務していた41歳の、教育界での経験は皆無《かいむ》という男性が抜擢されたりと、民間人を公立学校の校長に採用するという都市圏でも比較的新しい取り組みは、ここでは約30年前から行われてきた。町の相互扶助組織でも、年長者が変に威張ることはなく、年少者であっても妥当だと思われた意見は即採用される。

自殺予防因子その三
——どうせ自分なんて、と考えない（自己効力感が強く、主体的に社会活動に関わる）

日本財団の調査結果（**図表1-3**、20ページ）が示したように、日本では、「自分の行動で、国や社会を変えられると思う」という感覚（政治的有効性感覚）が、他の先進国の若者と比べて非常に乏しい（26・9％が「変えられると思う」と回答）。だが、この町は異なる。「自分のような者に政府を動かす力はない」と思いますか、という質問に対し、「そのような力なんてない」と感じている人の比率は、海部町で26・3％（つまり73・7％が動かす力があると回答）であったのに対し、自殺多発地域であるA町では51・2％と2倍近く離れていた。実際、海部町では主体的に政治に参画する人が多いという。自分たちが暮らす世界を自分たちの手によって良くしようという基本姿勢があり、行政に対する注文も多い。ただし、「お上頼み」とは一線を画しており、畏《おそ》れの対象とは見ていない。首長選挙も盛んで、地方の小規模な町には珍しく、海部町には長期政権の歴史がない。

自殺予防因子その四
——「病」は市《いち》に出せ（すぐに助けを求める）

海部町の人がいう「病」とは、たんなる病気のみならず、家庭内のトラブルや事業の不振、生きていく上でのあらゆる問題を意味している。そして「市」というのはマーケット、公開の場を指す。体調がおかしいと思ったらとにかく早めに開示せよ、そうすれば、この薬が効くだの、あの医者が良いだのと、周囲が何かしら対処法を教えてくれる。まずはそのような意味合いだという。同時にこの言葉には、やせ我慢すること、虚勢を張ることへの戒めがこめられている。悩みやトラブルを隠して耐えるよりも、思いきってさらけ出せば、妙案を授けてくれる人がいるかもしれないし、援助の手が差し伸べられるかもしれない。だから、取り返しのつかない事態に至る前に周囲に相談せよ、という教えなのである。

自殺予防因子その五
――ゆるやかにつながる

海部町は物理的密集度が極めて高く、住民同士の接触頻度は高い。一方、隣人間の付き合いは、基本放任主義で、必要があれば過不足なく援助するというような、どちらかといえば淡白なコミュニケーションが多いという。近所との付き合い方は「立ち話程度」「あいさつ程度」と回答する人たちが8割を超えていて、「緊密（日常的に生活面で協力）」だと回答する人たちは16％程度だった。一方で、自殺で亡くなる人の多い地域は「緊密」と回答する人が約4割だった。また人間関係が固定しておらず、他の地域の相互扶助組織が事実上の強制加入制であるのに対し、海部町は任意加入で、入退会に際し個人の自由が尊重されている。自分一人が入会しないからといって、そのことを理由にコミュニティ内で排除されたり、不利益を被ることもない。複数のネットワークが存在し、ちょっとした逃げ道や風通しをよくする仕掛けが多く存在する。

これらの特徴と今の日本の学校を照らすと、明らかに真逆であることがよくわかる。コミユニティは画一的で、硬直的。互いに競争しているために、すぐに助けを求める雰囲気はなく、自己肯定感は低い。頭の良さや外見、運動能力、年齢、性別など、「記号」でラベリングされ、序列化される。海部町の事例を踏まえると、いかに自殺予防因子が足りないかがよくわかる。

日本教育の大きな岐路となった「1969年」

若者の政治参加の低迷、「ブラック校則」や「部活動強制加入」を考えるにあたって、「1969年」ほど重要な年はない。「1969年」は、戦後目指してきた日本の民主化教育を諦め、管理教育へと大きくシフトした象徴的な年だからである。

その最大の象徴が、主権者教育に関心のある人々の間では有名な、「1969年通達」である。

昭和44年（1969年）、文部省は「高等学校における政治的教養と政治的活動について」（昭和44年10月31日文部省初等中等教育局長通知）という通知を出し、高校生の政治活動を「教育上望ましくない」とし、政治教育も慎重に行うべきだとした。

「放課後、休日等に学校外で行なわれる生徒の政治的活動は、……学校が教育上の観点から望ましくないとして生徒を指導することは当然である」

「現実の具体的な政治的事象は、取り扱い上慎重を期さなければならない性格のものであるので、必要がある場合には、校長を中心に学校としての指導方針を確立すること」

通知の背景にあったのは、東西冷戦の激化、60年安保闘争の激化、学園紛争の激化である。

また、「部活動強制加入」につながる「必修クラブ」が導入されたのも１９６９年である。１９６９年、１９７０年改訂の学習指導要領において、任意の自由研究の一環として導入された「クラブ活動」が必修化され、１９９９年の見直しまで「必修クラブ」は続いた。

「クラブは、学年や学級の所属を離れて共通の興味や関心をもつ生徒をもって組織することをたてまえとし、全生徒が文化的、体育的または生産的な活動を行なうこと」
（文部省１９６９年中学校学習指導要領）

そして部活動との代替措置が取られ、いまなお部活動の実質的必修化は色濃く残っている。

一方、戦後日本は「民主化」を目指し、「民主主義」教育を積極的に行おうとしていた。「クラブ活動」が導入された１９５１年学習指導要領では、特別教育活動は生徒自身の手で計画・組織・実行・評価されるもので、それを通じて民主的生活の方法を学び、公民としての資質を高めることができるものとされた。つまり、「特別教育活動」は、民主主義の原理と生活の方法を学ぶ活動として位置付けられていた。

「クラブ活動は当然生徒の団体意識を高め、やがてはそれが社会意識となり、よい公民としての資質を養うことになる。また、秩序を維持し、責任を遂行し、自己の権利を主張し、いっそう進歩的な社会をつくる能力を養うこともできる」

「生徒は強制されてはいけない。生徒がクラブ活動の中心である。したがって、クラブ組織については、生徒評議会の会議でじゅうぶん討議され、審議されるべきである。教師は指導者となって働いてもよいが、生徒の意見を重んじなければならない」

（文部省１９５１年中学校学習指導要領）

「生徒は強制されてはいけない」「自己の権利を主張し」と、クラブ活動はあくまで、民主主義社会の形成者を育成するための取り組みだったのである。だからこそ、生徒自身の意思を尊重することを重視していたのであり、強制していては「民主化」教育につながらないと考えた。

「クラブ活動に全校生徒が参加できることは望ましいことであるが、生徒の自発的な参加によってそのような結果が生れるように指導することがたいせつである」
（文部省1958年中学校学習指導要領）

しかしそうした精神は今となっては失われた。その転機となったのが、上述の1969年から始まるクラブの「必修化」である。

こうした戦後の民主化教育の精神は、生徒指導の場面でも多く見られた。1948年に公刊された、文部省著作の教科書『民主主義』では、「民主主義を学ぶ方法」として、「ものごとを学ぶためのいちばんよい、いちばん確かな方法は、学ぶべき事柄を実行してみることである」と述べている。そして「学校という社会の民主主義」について学ぶために、生徒会の前身にあたる「校友会」が重要な位置を占めるとしている。

１９４９年に文部省から出された「新しい中学校の手引」では、生徒会の目的は「生徒をして、民主社会における生活様式に習熟せしめることである」とし、学校の活動は「民主的でなくてはならない。そのためには、学校は、生徒の活動に関する生徒との協議会をいろいろ持つことが必要である。……いろいろな協議会の中には、校則や、学級のきまりや、学級文庫・学校図書館の規則を推薦するための協議会」と記述している。後述するように、欧米が学校の民主化を本格的に進めたのは１９７０年代以降であり、日本はその20年前に民主的な取り組みを進めようとしていたのである。このまま順調に民主化が進んでいたら、今の日本とは全く異なる姿になっていただろう。

しかしこうした生徒の自由や権利、学校内の民主主義を重視する価値観は、１９６０年代後半以降から失われていった。そしてそうした管理教育的な考え方、価値観は今も続いたままである。

第三章

子どもの権利を尊重する海外の取り組み

ヨーロッパで政治について話すと、「human rights（人権）」と「democracy（民主主義）」という単語が必ず出てくる。長年悲惨な戦争が起こってきたヨーロッパでは、徹底的に学校で民主主義教育と人権教育を行っているからである。そして単に知識として知っているだけでなく、様々な場所でその理念が浸透し、実践されている。Ｒｉｇｈｔｓが複数形になっているように、人権には様々な種類が存在する。生きる権利や成長する権利、暴力から守られる権利といった生存に関わるものから、教育を受ける権利、遊ぶ権利、参加する権利など、その人らしく生きるための権利まで存在する。子どもの権利を尊重した学校とはどうなっているのか。海外の実践例を見ていこう。

１９７０年頃から進む学校の民主化

学園紛争自体は、日本だけで行われていたわけではなく、世界各国で行われていた。１９６０年代後半に世界各地で起こった学生運動の総称を「スチューデント・パワー」とも呼ぶ。しかし、その後の社会の対応は、日本とそれ以外で大きく異なる。日本では管理教育が強化されたが、欧米ではむしろこれを機に、「民主化」が加速した。

例えばフランスでは、学園紛争が生じた時期から徐々に、学校運営への生徒参加が制度化された、学校運営に生徒・父母の参加が保障されるようになっていった。様々な改変を経て、現在では、**図表３-１**のように、全ての生徒が有権者として、各代表に立候補する権利を持ち、意思決定に参加している。

まず学校のクラスでは、生徒が成績判定や進路判定（フランスでは中学から高校へは入試ではなく学校内での「進路指導」によって決定される）にまで関わる。

具体的には、各クラスから選ばれた２名の生徒代表が、校長、担任、各教科担当教員、生徒指導専門員、父母代表で構成される「学級評議会」に参加し、そこで、成績判定や進路判定、クラス内で起きている問題について話し合う。

さらにクラス代表の中から選ばれた４名の生徒代表と、全生徒の中から選挙で選ばれる「高校生活のための評議会」（学校生活全般について話し合う場で、日本の生徒会に近いイメージ）の副議長１名、計５名の生徒が学校の意思決定機関である「学校管理評議会」に参加する。そこでは学校に関わる様々な事項（予算、学校教育計画、校則、健康、安全など）について話し合う。

他にも、生徒の懲戒処分を決める時に開かれる「懲戒評議会」にも生徒が参加し、決定に関与している。

図表３－１　フランスの高校生代表に関わる制度

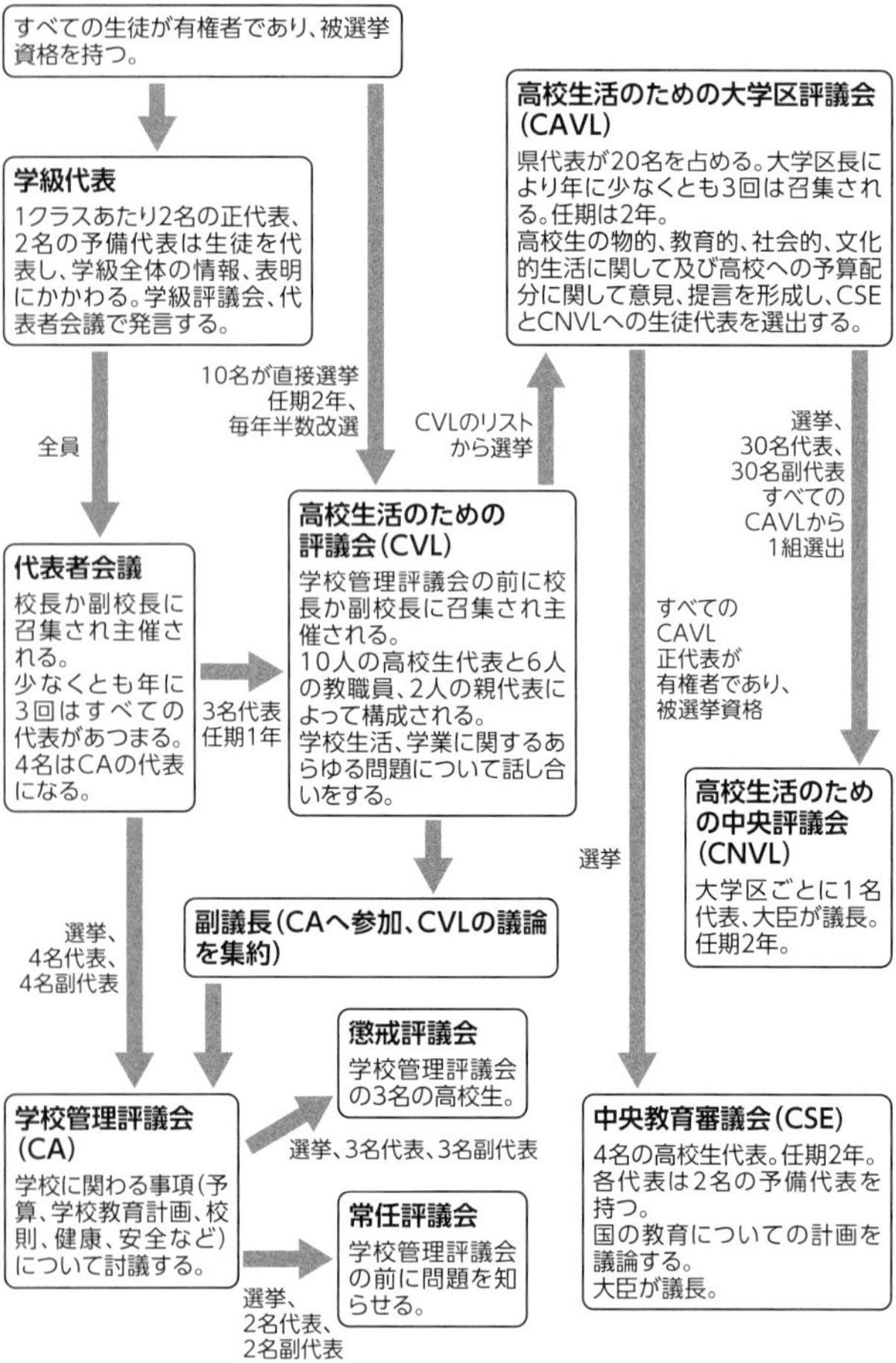

出典：大津尚志「世界の実践に学ぶ生徒参加の主権者教育（7）フランス①伝統ある生徒参加制度」（『月刊 高校教育』2020年10月号）

さらに、単に制度を作るだけでなく、生徒代表制度がきちんと機能するために、生徒代表に選ばれた生徒に「代表教育」を行っている。日本だと生徒会役員に選ばれても、どう生徒の声を集約すべきかなどについてトレーニングをあまり受けないが、フランスでは、生徒指導専門員の仕事の一つになっている。つまり、生徒指導専門員は単に生徒指導を徹底するのではなく、民主主義を学校内で実践できるように生徒を育てる役割を担っている。

そして、こうした生徒参加の仕組みは学校内にとどまらず、各地域や国レベルの委員会でも同じような仕組みになっている（**図表3-1**の右側）。

各地域では、「高校生活のための大学区評議会」（大学区はフランスを30に分けた地方行政単位、日本の県に相当）が置かれ、大学区長（日本の教育長に相当）らと学校への予算配分等について議論が行われる。

また、国レベルでも「高校生活のための中央評議会」が設置され、政府の「中央教育審議会」にも高校生代表の参加枠がある。それも法律で定められている。

ここまでは主に高校のケースだが、中学校でも同様に、生徒参加の仕組みが整備されている。

日本では2017年頃から人権侵害にもあたるような「ブラック校則」が大きな話題とな

っているが、フランスでは校則の内容も法令で規定されている。

校則の位置付けは「規範のヒエラルキーの原理に合致したものでなければならない」として、フランス共和国の憲法、国際条約、法律、規則といったヒエラルキーの下位に置かれるものであることが示されている。つまり、校則だからといって、自由に何でも決めて良いわけではなく、憲法や国際条約などで定められている子どもの権利を侵害する内容であってはならない。

校則の改正手続きはあらかじめ定められており、高校の場合は「高校生活のための評議会」に相談することを必須としている。最終的な改正の決定は「学校管理評議会」の権限となっている。さらに「情報の広報」として、校則は教育共同体の構成員（保護者を含めて）に知らせなければならないことが記されている。実際、校則は生徒手帳に記載される。生徒手帳は、学校と生徒との間の「契約書」のような扱いを受け、本人や保護者がサインをする欄がつくられている。保護者のサイン欄があるのは、校則には保護者に関わる（連絡など）規定があるからである。

これまでフランスの事例を詳しく見てきたが、北欧やドイツ、オーストラリア、ニュージーランド、アメリカ、カナダ、台湾、韓国など、世界中で学校内民主主義を進める取り組みが行われている。

　こうした民主化教育を進めたヨーロッパを中心とした国々と、管理教育を強化していった日本の政治参加の現状、社会運動の活発さの違いを見れば、その影響の大きさは明らかである。

スウェーデン視察で感じた「信頼」の強さ

　２０２２年9月、総選挙に合わせてスウェーデンを訪れた。

　スウェーデンは、世界で最も民主主義が発展した国の一つであり、選挙の投票率は、80%を毎回超えており、自由意思の投票制度を採用している国家の中では最も高い。今回（２０２２年）の投票率は、前回（２０１８年）から少し〝下がって〟84・2%となった。若者と他の世代で投票率に大きな違いはなく、若者の投票率も基本80%を超える。

　そんなスウェーデンの訪問した中学校で、「学校は民主的だと思いますか？」「自分たちの声が学校に聞かれていると思いますか？」と質問したところ、クラスの全員が手を挙げた。それほど、学校は民主化されている。

　例えば、給食が美味《おい》しくなかったら、みんなで話し合い、メニューを改善する（給食協議会というものが設置されている）。スウェーデンでは公共トイレはジェンダーフリーが一般的になっているが、学校には男子用と女子用しかなかったことから、学校に働きかけ、男女共用のトイレを作ってもらった。

別の高校では、携帯電話の使用は校内で禁止されていたが、友人や家族との連絡に欠かせないため、生徒の話し合いで、利用可能なエリアを設けることとなった。また帽子の着用が禁止されていたが、宗教上必要なケースや髪を染めた際に保護するためにスカーフの着用が認められるなど、大小様々なトピックが生徒からの提案で改善されている。

生徒に話を聞くと、「ただ文句を言うのではなく、生徒の代表である生徒会での話し合いを経て変えていくことが大切だとみんな思っている」という。教員側も、生徒との意見交換を大切にしており、校長室には生徒が気軽に相談に来られるように椅子を置くなど、環境作りも意識している。

生徒会の仕組み自体は日本と似ており、各クラスから代表者が委員会に参加し、そこからさらに生徒会のメンバーが選出される。ただ違うのは、選挙で選出するのではなく、話し合いによって選出する点。そちらの方がジェンダーバランスなど、適切な選出ができるからである。生徒会の会議には毎週校長が参加しており、そこで生徒から出た提案などを話し合う。

さらに、生徒会（student council）とは別に、生徒が自主的に作る生徒組合（student union）も存在する。生徒組合では生徒会で拾えていない声や、生徒への権利教育などを行っている。そして、生徒会も生徒組合も別の学校と連携しており、地域別の生徒会・生徒組合の組織、さらに全国組織も作られている。それぞれが学校内だけでなく、地域の教育委員会や国政に声を届ける機能を果たしている。

　このように民主主義の実践が広く見られるが、スウェーデンの教育法では、小学１年生の段階から、民主主義の価値を学ぶことが重視されており、幼少期から民主主義教育が行われている（後述するように、幼児教育の中でも積極的に民主主義教育が行われている）。

　具体的には、２つの大きな柱があり、一つは、民主主義の知識を広めること、もう一つは、「民主主義を通して」民主主義を学ぶための経験を提供することである。

　学校内民主主義の実践はまさに、後者の取り組みである。前者が日本で想像されるような民主主義教育（主権者教育）だが、中学生以上を対象に行っている「学校選挙」においても、単に知識的に投票の方法や、各党の違いを学ぶだけでなく、どうしたら自分たちの影響力を高められるか、その権利や方法についても考える。

「学校選挙（ＳＫＯＬＶＡＬ）」とは、日本でいう模擬選挙だが、中身は大きく異なる。投票先は本物の選挙と同じ政党であり、違うのは、投票者が日本でいう中学1年生から高校3年生に限定されていること、本物の投票結果には反映されず（選挙権は18歳なので一部の高校3年生は学校選挙と本物の選挙両方に投票する）、投票の結果は本物の選挙の投開票日の翌日に公表されるということだ。

学校選挙への参加は任意参加で、学校単位で参加する（運営は任意の生徒のグループ）。およそ全国の中学・高校の50％が参加する。学校選挙の投票も任意で、投票率は80％程度になっている。ただ有権者には様々な理由で学校に来ていない生徒も含まれるため、実質的にはほぼ全員が参加するという。

選挙前には、地域の選挙小屋（各政党が小屋を設置し、有権者と対話する）を訪れたり、政治家やユース党（日本でいう各党の学生部、10代～20代が参加している）が学校を訪れ、討論会や意見交換を行う。筆者が訪れた高校では、小さい体育館のようなスペースに、各政党がブースを設置し、各党のユース党員がパンフレットや飲み物、コンドームなどを配りながら、生徒からの質問に答えていた（順番にスピーチをしたりもする）。そこで隣の投票ブースに行き、実際に投票を行う。中には、学校を休んで、高校生に対して政策を説明していた14歳の中学生（ユース党党員）もいた。同じ中学生に別の日にストックホルム大学でも会うなど、選挙期間中ずっと学校を休んで選挙活動をしているという。学校からは許可をもらっており（公欠扱い）、後からレポートを提出するそうだ。ヨーロッパでは学校を休んでデモに参加することも珍しくない（公欠扱い）。ＦＦＦ（Fridays For Future）のデモには小学生や中学生が多く参加していたが、時間帯は、金曜日の平日昼過ぎで、おそらく学校を休んで参加している。それぐらい、子どもが社会参加することは推奨されている。

日本だと政治的中立性を気にして、政治家が学校に行くことは避けられがちだが、スウェーデンでは推奨されている。学校選挙など、スウェーデンの民主主義を支える市民社会や若者政策を担当しているスウェーデン若者・市民社会庁（Swedish Agency for Youth and Civil Society、通称ＭＵＣＦ）の局長レーナさんは、その理由についてこう話す。

「学校選挙を実施する理由は、若い人たちが選挙や民主主義について学ぶためです。民主主義にとって投票は非常に大事だからです。また、若い人たちの投票結果も非常に重要だと思っています。選挙をすることは、社会のシステムを信頼する上で重要です。

そして、学校選挙をすることで、学校で選挙や政治、民主主義について取り上げ、議論することにつながります。私たちは、できるだけ政党やユース党が学校に行って、生徒たちと話すことを望んでいます。政党は民主主義の土台で、若い人たちが政治家に会う機会が減ると、政党の会員も減ってしまいます。それは、民主主義にとって良くないことです。できるだけ本物の選挙に近い形にすることが大事だと思っています。

今回の学校選挙でも、直接話すきっかけがあったことで、ユース党に入った人が多いと聞いています。他にＬＳＵ（全国若者団体協議会）のような組織に入る人も多くいます。

学校の任務は、子どもたちに知識を与えること、民主主義を教えることです。自分たちの意見を持つことが重要。選挙で終わりではなく、毎日やらないといけません」

学校選挙の期間中は、選挙小屋のような課外活動だけではなく、ほとんど全ての教科で選挙や政治、民主主義について取り扱われる。例えば歴史の授業では、各政党の歴史について学んだり、スウェーデン語の授業では、各党のポスターやスピーチの仕方を分析する。

学校での政治的中立性を保つ上で意識していることは？　という質問に対しては、こう答えた。

「全ての国会の政党を平等に受け入れることです。その上で、先生は、事実に基づいて教えています。どの先生も中立を守りたいと思っているけど、価値観がない人はいません。そのため、学校に全ての党が来てクリアしています」

この政治的中立性の議論をする際、日本の場合、逸脱した時の罰則をどうするかという話がよく政治家から上がるが、スウェーデンでは、前提として、教員を信頼しており（博士号持ちなど専門性が高いことも一因）、また子どもたちのことも自分たちできちんと判断できると信頼しているため、日本のようにがんじがらめにしていない。

校則などのルールに関しても、「信頼」が根底にあるため、基本的には最小限で、判断は本人に任せている。若者団体への助成金などに関しても、お金は出しても、口は出さない。

他方、日本は子どもや教員を信頼していないからこそ、ルールで厳しく縛る。権限を与えると、暴走すると思ってトップダウンばかりになっている。自分の頭で考えるよりも、上が決めたルールに従うことを覚えさせる。しかし、それでは民主主義は育たない。一部の人が決めるのではなく、みんなで議論し、合意形成していくのが民主主義だからである。他人を信頼して初めて、民主主義は機能する。

とことん〝現実〟を取り扱うフィンランドの主権者教育

日本で２０２３年４月９日に投開票が行われた、統一地方選前半戦の９道府県知事選の投票率は、統一選として過去最低だった２０１５年の47・１４％を０・３６ポイント下回り、46・７８％となった。41道府県議選は41・８５％。過去最も低かった前回２０１９年の44・

０２％から２・１７ポイント落ち込んだ。
もはや過半数が投票に行っていないことになり、これでは投票結果の正当性も損なわれかねない。そもそも選挙さえ行われていない、無投票で当選が決まったのは全体の25・０％。選挙区で見ると全体の37・１％に上る。特に山梨県は６割を超えている。

なぜここまで投票率が低いのか。国政選挙と異なる選挙制度、時期がバラバラになり統一感のない統一地方選挙、メディア報道の少なさなど、様々な要因が考えられるが、大きな要因の一つが、主権者教育が全く不十分であることは疑いようがない。２０２２年から、新しい学習指導要領のもと、高校では「公共」が始まっているが、現役の高校生らに話を聞く限り、量も質も不十分であり、成果を期待することは難しい。

筆者は、２０２３年４月２日に行われたフィンランドの選挙に合わせて、１週間ほどフィンランド視察に行っており、そこで感じた、日本とフィンランドの主権者教育の大きな違いを紹介したい。ちなみに、今回のフィンランドの投票率は、71・９％だった。

日本で主権者教育が〝解禁〟となったのは、２０１５年。２０１６年の18歳選挙権実現に向けて通知を発出し、１９６９年から続いていた政治教育の原則禁止の方向性を大きく転換した。

「議会制民主主義など民主主義の意義、政策形成の仕組みや選挙の仕組みなどの政治や選挙の理解に加えて現実の具体的な政治的事象も取り扱い、生徒が国民投票の投票権や選挙権を有する者（以下「有権者」という。）として自らの判断で権利を行使することができるよう、具体的かつ実践的な指導を行うことが重要です」

（高等学校等における政治的教養の教育と高等学校等の生徒による政治的活動等について（通知）27文科初第９３３号平成27年10月29日）

一方、教員に対しては、政治的中立性を厳しく求めており、「指導に当たっては、教員は個人的な主義主張を述べることは避け、公正かつ中立な立場で生徒を指導すること」とある。現場の教員は萎縮し、一部の私立学校を除いて、多くの学校は現実的な事象を取り扱うことができていない。

さらに、大きな選挙の度に、政治的中立性を守るよう、文科省から通知が出されており、大きく逸脱する場合は、「地方公務員法の信用失墜行為の禁止に抵触する可能性」があると記載している。
　これで積極的に主権者教育をやろうとする教員がどこにいるのだろうか。

「本年4月に統一地方選挙が行われる予定ですが、公務員は、全体の奉仕者であって一部の奉仕者ではなく、公共の利益のために勤務すべき職責があり、その政治的中立性を確保するとともに、行政の公正な運営の確保を図る必要があることは言うまでもありません。

　特に、教育公務員については、教育基本法等における教育の政治的中立性の原則に基づき、特定の政党の支持又は反対のために政治的活動等をすることは禁止されています。さらに、教育公務員の職務と責任の特殊性により、教育公務員特例法において、公立学校の教育公務員の政治的行為の制限は、国家公務員の例によることとされ、人事院規則で定められた政治的行為が禁止されています。また、公職選挙法においても、選挙運動等について特別の定めがなされているところです。

　なお、学校の内外を問わずその地位を利用して特定の政治的立場に立って児童生徒等に接することなどにより、その職の信用を傷つけ、学校教育に対する国民の信頼を損なうこととなる場合は、地方公務員法に基づき、信用失墜行為の禁止に抵触する可能性があります」

（教職員等の選挙運動の禁止等について（通知））

中学3年生用の教科書。政党についての説明がある。
（著者撮影）

このように、現場の教員を信頼せず、裁量を与えない結果、政治的中立性＝立場の分かれる現実的事象を取り扱わないという誤った考え方（消極的政治的中立性）が浸透し、真に意味のある主権者教育となっていないのが、日本の現状である。

一方、諸外国では、全党や様々な立場を取り扱うことによって、政治的中立性を守る考え方（積極的政治的中立性）が一般的であり、今回視察したフィンランドも同様である。

視察に訪れたヘルシンキのクロサーリ総合学校では、9年生（日本の中学3年生に相当）は全員、週3回シティズンシップ教育を受ける。

フィンランドでは、教員が一方的に教える形式ではなく、生徒が教科書やパソコンなどを使ってリサーチを行い、プレゼンをしながら学んでいくスタイルが一般的だが、この授業も同様の形式になっている。訪れた日は、議会制度について調べ、グループごとにプレゼンの準備を行っていた。驚くべきは、その教科書の内容だ。日本の教科書では、衆議院と参議院の違いなど、抽象的な内容が多いが、フィンランドの教科書はとことん現実を取り扱っている。

１０９ページに掲載した写真のページでは、政党の役割が書かれているのに加え、各党のポジションや特徴まで書かれている（以下、引用箇所はフィンランド語をＧｏｏｇｌｅ翻訳で和訳しているため、不自然な表現もあるかもしれない）。

政党と政治

政党は、おそらく最もよく知られている非営利組織です。政党は、メンバーが望む方向に社会を発展させるために努力する志を同じくする人々の集まりです。誰もが自分の選んだ政党の地方組織に参加することができ、それによって共通の問題に影響を与える

ことができます。政党は選挙で候補者を指名し、有権者はその中から市議会や議会などの政治的意思決定者を選びます。（中略）

伝統的に、政党は右派と左派に分かれています。

（中略）右翼、またはブルジョアの政党は、自分自身に対する努力と個人の責任を強調しています。彼らの意見では、たとえば、地方自治体は必ずしもすべての基本的なサービスを自らで作成する必要はありませんが、合理的な場合には民間企業からそれらを購入する必要もあります。右翼政党の意見では、課税は起業家精神を奨励するものであるべきであり、人々の間の所得格差は課税の助けを借りて過度に平準化されるべきではありません。

一方、左翼政党は、特に裕福でない人々の利益を促進することを強調しています。彼らは強力な公共部門を信じています。したがって、州と地方自治体の任務は、無料または安価な社会保障と医療サービスを可能な限り広く市民に提供することであると彼らは考えています。彼らの意見では、地方自治体も民間企業の参加なしにこれらのサービスを独自に作成する必要があります。左翼政党によると、サービスは税金で賄《まかな》われており、高所得者は低所得者よりも多くを支払わなければならないとされます。

最近の情勢を載せるため、教科書は4年ごとに変更される（国政選挙が終わる度）。「影響力」という章では、「民主主義では影響を与えることができる」と説明した上で、メディア、キャンペーン、ロビー活動の意義や具体的事例について書かれている。

NGOの影響力

非政府組織は一般にサードセクターと呼ばれます。公共部門および民間部門とともに、彼らは社会において独自の重要な役割を果たしています。（中略）

何千人ものメンバーで構成される非政府組織では、1人の市民よりも効果的な影響を与えることができます。組織は社会的議論に新しいトピックを持ち込むことができ、個人の意見よりも組織の意見の方が注意深く耳を傾けられます。たとえば、非政府組織が意思決定者に情報を提供する活動は、ロビー活動と呼ばれます。その目的は、政治の決定に直接影響を与えることです」

そして、知識を得て終わりではなく、選挙権を持っていない世代を対象に（中高生）、模擬選挙も行う。もちろん、投票先は本物の政党だ。その際、大人が使うものと同じ「選挙コンパス」（ボートマッチ）も活用し、有権者になる前に、〝本物〟の選挙を体験する。

その結果は、本物の投開票日の前に、公共放送ＹＬＥで放送される。この模擬選挙は１９６０年代にスタートし、１９９０年代からはフィンランドの若者協議会「Allianssi（アッリアンシ）」が全国の模擬選挙をコーディネートしている。

今回の模擬選挙は、８９５の学校や関連機関が参加し、投票者は9万４３５人と過去最高記録を達成したという。こうした授業や体験を通して、生徒は各党の特徴をよく理解しているため、「どこの政党を支持しているか?」と質問すれば、明確に回答が返ってくる。さらに、街に出れば、選挙小屋が並び、政治家と対話する機会がたくさんある。

「学校内民主主義」（学校内の意思決定に生徒が参加すること）も当然行われている。こうした重層的な取り組みが至るところで行われており、日本との違いは歴然だ。日本の投票率の低さは、構造的な結果であり、決して有権者個々の問題ではない。投票率の高い国々と比較すれば、民主主義教育に力を入れていないから、という極めてシンプルな理由であることがわかる。

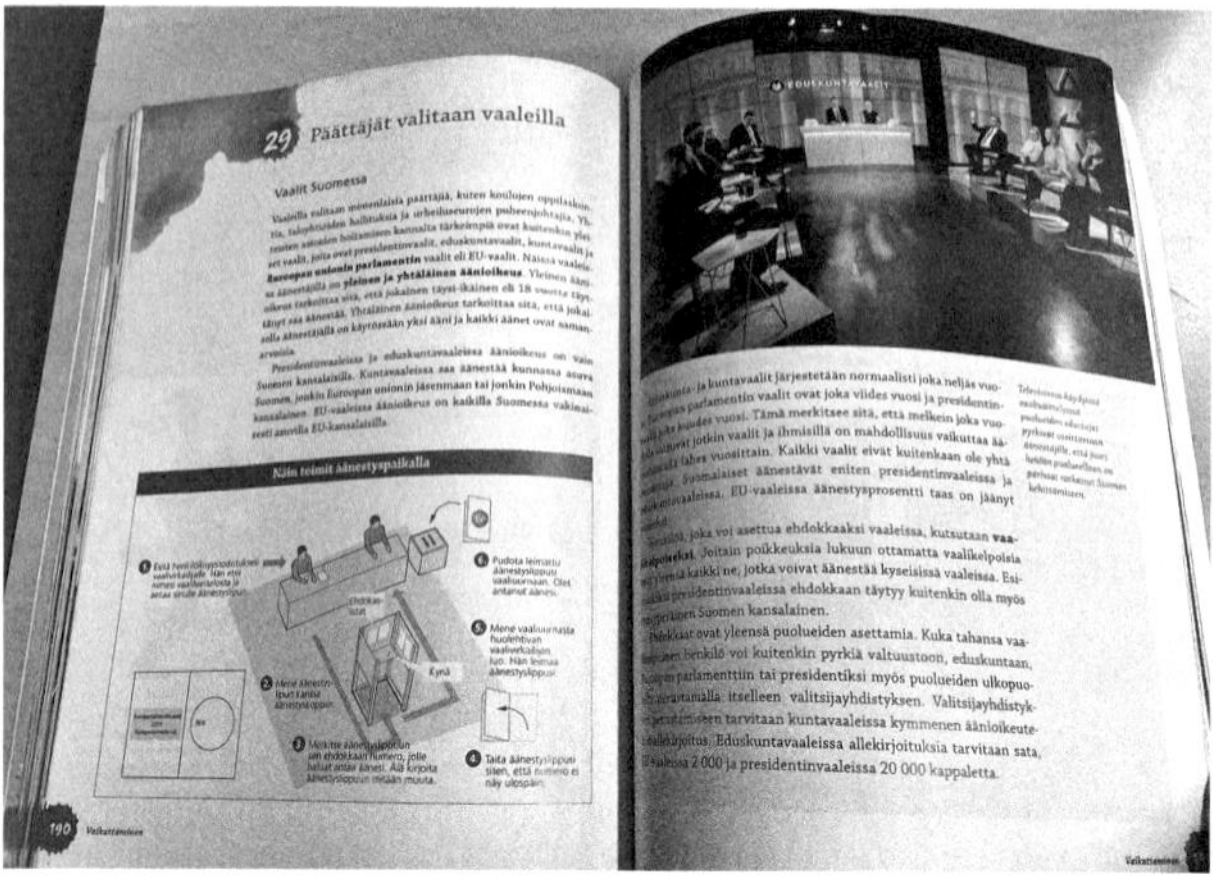

投票の具体的な方法も記載されている。

2019年（教科書発行時点）最新の内閣の構成員も記載されている。

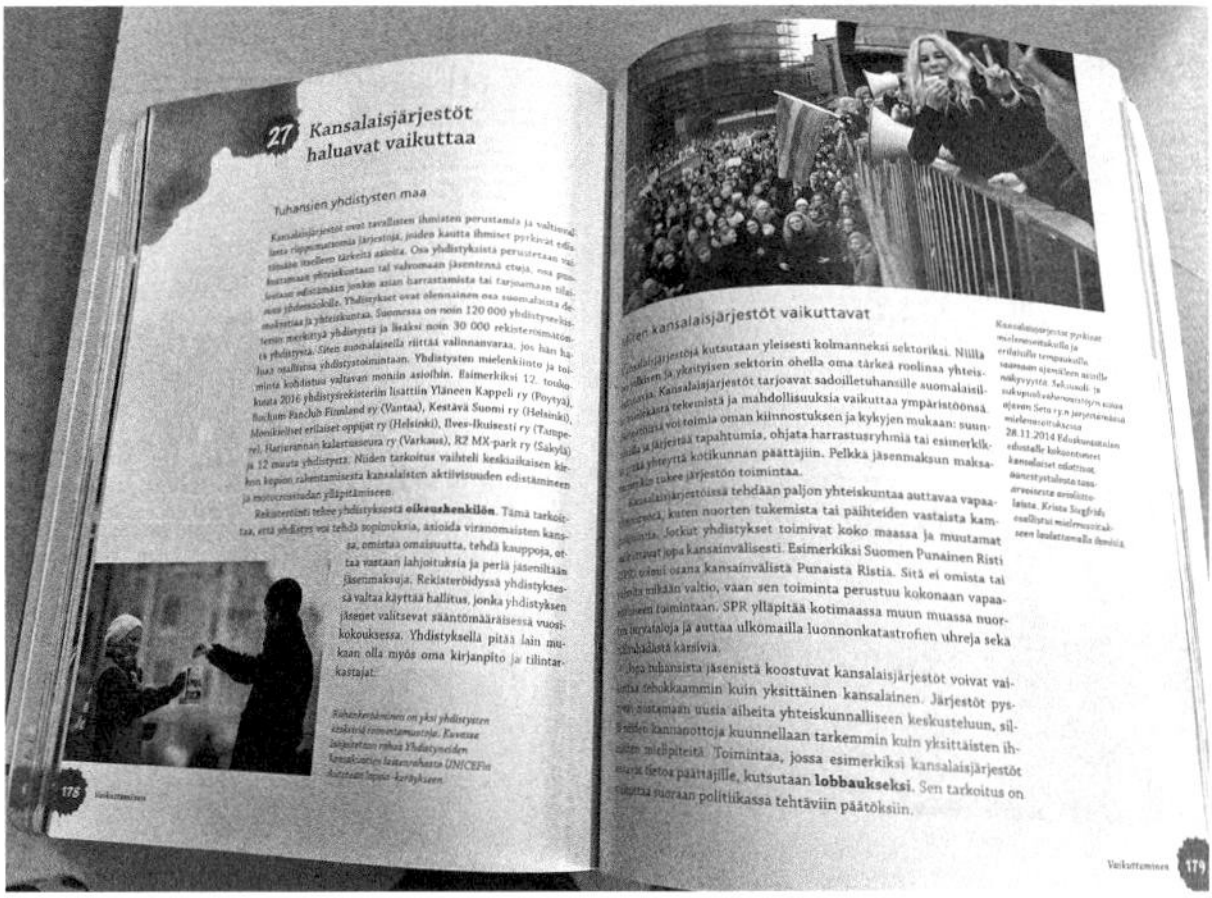

NGO の影響力について記載されたページ。

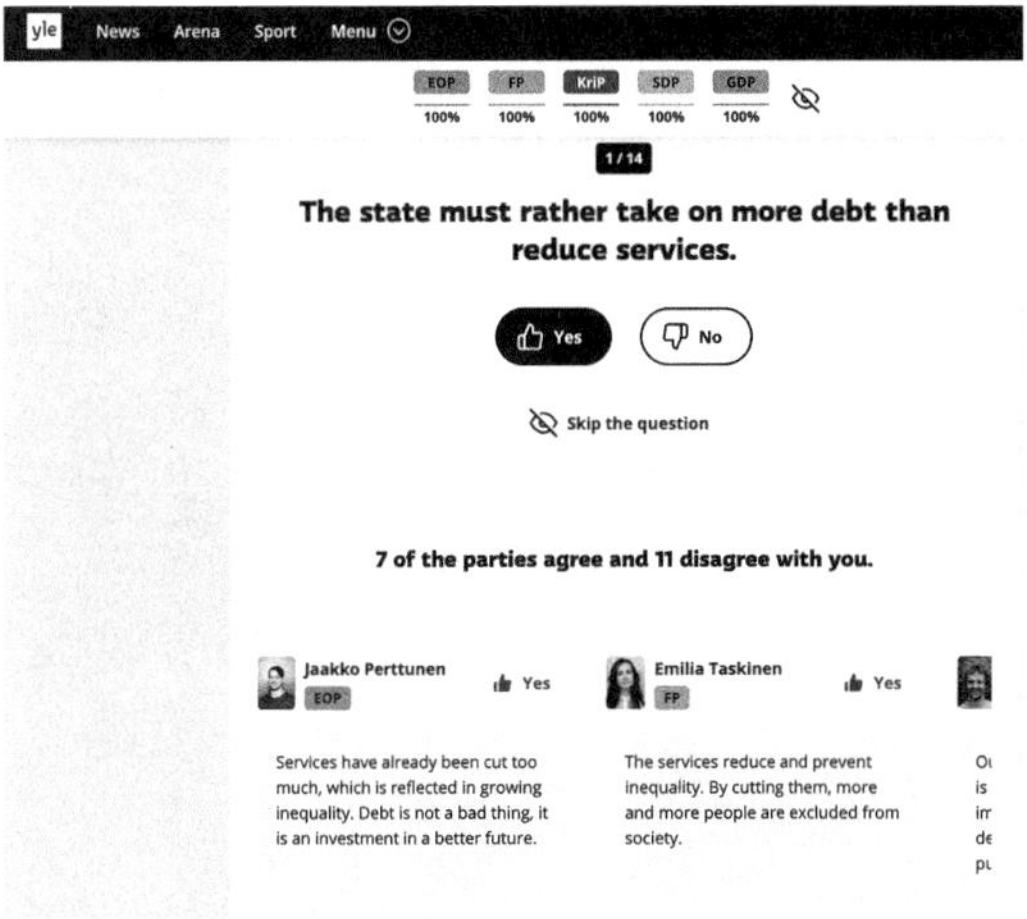

質問に答えるとマッチする政党や候補者が出てくる。（出典：YLE）

「自分で判断できる！」成熟したドイツの子どもたち

もう一つ、政治教育に力を入れている国を紹介しよう。日本と同じく第二次世界大戦の敗戦国となったドイツである。ドイツは、ナチス時代の反省から、政治教育に力を入れており、自分の頭で判断できる、自ら声を上げることのできる人材を育てようとしている。その政治教育を推進するための機関として、1952年には連邦政治教育センターを設置。各学校への政治教育に関する教材提供やイベントの実施など、全世代に対して政治教育を実施している。

日本では、政治的中立性を過度に守ろうとするあまり、具体的な事象を扱わない、教員は意見を述べない、制度などの表面的な話にとどまり、ほとんど〝使える〟ものになっていない、というのは前述の通りだ。

一方、ドイツではどのように政治的中立性を守っているのだろうか。その指針になっているのが、1976年に定められた「ボイテルスバッハ・コンセンサス」である。現場の教員や研究者らによってまとめられたその3つの原則は、法律で定められたものではないが、どの教員に聞いても、話に出てくるぐらい現場に広く浸透している。

ドイツ政治教育3原則（ボイテルスバッハ・コンセンサス）

①　教員の意見が、生徒の判断を圧倒してはならない

②　政治的論争のある話題は論争があるものとして扱う

③　自分の関心・利害に基づいた政治参加能力を獲得させる

ドイツの政治教育の指針になっている「ボイテルスバッハ・コンセンサス」では、意見が分かれる現実の政治問題を扱う際には、対立する様々な考え方を取り上げて生徒に考えさせ、その上で生徒一人ひとりの意見を尊重すること。これが守られていれば問題ないとされている。逆に言うと、意見が分かれる問題について、その真ん中の立場を探したり、そもそもそういう難しい問題を扱わないというのでは政治教育は成り立たないと考えられているということでもある。

また、日本と異なり、教員が自分の考えを述べることは禁止されていない。そもそも、現実の社会や政治に〝正解〟はなく、客観的な〝中立〟は存在しない。民主主義では、多様な意見がある中で、自分はどう考えるのか、どう合意形成していくのかが大事にされている。

教員の意見も、その多様な意見の一つでしかない。成績も、はっきり自分の意見を持っており、根拠を示せたかで評価される。ただ、多様な意見といっても、民主主義は絶対的な価値になっており、人種差別発言などは法律で禁止されている。

具体的な授業例を一つ紹介しよう。２０１７年にドイツ視察に訪れた際に、高校の授業を見学したところ、グループに分かれ、各国の議会制度を調べていた。そして各グループがその内容を発表した後、教員の質問が鋭く、現実を理解するのに適切なものであった。あるグループがアメリカの大統領制や議会制を発表したのに対し、（当時）「アメリカでは、大統領、上下両院いずれも共和党が握っているにもかかわらず、オバマケアは廃止されていない。なぜだと思いますか？」と質問。これに答えるには、アメリカの大統領と議会との関係、政党の党議拘束がない（同じ政党に所属していても、賛否は議員個人が判断する）ことを理解していなければならない。しかし、日本の大人でこれに答えられる人は少数だろう。むしろ、教員でさえ、答えられるか怪しい。ドイツの教員には博士課程を修了した人も多く、政治教育センターや、教員研修も充実しており、教員の専門性が高いことも背景にある。ちなみにドイツでは、教員が年に５日間研修で休む権利がある。こうしたレベルの授業をドイツでは毎日行っている。

ただ日本の文科省や政治家が懸念しているように、教員が特定のイデオロギーに「誘導」することはあり得るかもしれない。そうした懸念がないのか、ドイツの高校の校長先生に聞いたところ、（校長が答える前に！）一緒にインタビューに答えていた生徒が手を挙げて、次のように答えたことが強く印象に残っている。

「先生が特定の方向（思想）に誘導しようとしたら、他の先生や親に相談するし、自分たちで判断できる」（ドイツの高校生）

逆に言えば、日本は「生徒は自分で判断できないから、意見が分かれるものは遠ざけよう」という考えが根底にあるからこそ、なるべく現実的な事象を避け、特定の政治的な意見には触れないようにしている。これこそ、典型的なパターナリズムである。こうした政治教育の現場でも、子どもへの信頼の有無が、その成否を大きく分けている。

また、日本では学校内での政治活動が禁止されているが、ドイツでは学校内でも、生徒が政党青年部のバッジを制服につけて、投票を呼びかけることは全く珍しくない。むしろ、生徒が政党青年部に入り、社会活動に参加することは奨励されている。

他方、学校に対して意見を言う場では、教員と適切な距離を取っている。ドイツでは、中等教育（ギムナジウム）は5〜13年生が一緒になっており、生徒会も各学年から代表して参加するなど、年齢が幅広い構成になっている。その生徒会役員が定期的に会議を行っている部屋は、教員が入室禁止となっており、基本的には生徒同士で話し合う場になっている。また生徒会のサポート人材として専門の「メディエーター」が存在し、定期的に会議に参加して、アドバイスなどを行っている。「メディエーター」は他の学校も担当しているため、豊富なノウハウを持っており、生徒のよき相談相手となっている。このように、学校に対して自由に意見を言いやすい環境を作り、生徒の意見表明権を保障している。

子どもの人権が認められ始めた韓国の取り組み

子どもの人権尊重は、ヨーロッパが最も進んでいるが、最近ではアジア諸国でも進んでいる。アジアで最も民主主義が発展した台湾も政策決定過程への若者の参画や学校内民主主義が広がっているが、ここではよりバックグラウンドが日本と近い韓国の例を見よう。

「ツーブロック」の禁止、「下着の色指定」「髪の一律黒染め」の見直しなど、日本でも校則見直しが進みつつあるが、少し先を歩いているのが、隣国・韓国だ。以前は多くの学校で、日本と同様に、生徒の頭髪・服装などが過度に制限されていたが、徐々に緩和が進んでいる。日本と同じく家父長制が根強い国である韓国では、どのように学校内で子どもの人権を保障する方向に転換してきたのか。徐々に校則見直しが始まった２０００年代頃からの動きを見ていく。

韓国での校則見直しの大きな転機になったのが、若者や市民の声で進んだ、自治体の「学生（児童生徒）人権条例」だ。韓国では２０００年頃から、頭髪規制廃止を求める署名運動が起こり、児童生徒の人権問題が社会的な課題として認識されるようになった。そして国政では、「児童生徒人権法」成立を目指し、革新系（リベラル）政党である民主労働党が２００６年に「初・中等教育法」改正案を提出するが、会期満了により廃案に。地方自治体では、光州市が「児童生徒人権条例案」を作成したが、生徒指導の困難化を恐れる校長や教育庁によって阻まれ断念。

その後、２０１０年の統一地方選で進歩派教育監（日本でいう教育長に相当。韓国では教育監が住民の直接選挙で選ばれる）が当選し、２０１０年京畿道《キョンギド》で「児童生徒人権条例」が制定されたのを皮切りに、光州市、ソウル市でも条例が制定された。

京畿道「児童生徒人権条例」は、「総則」「児童生徒の人権」「児童生徒人権の振興」「児童生徒人権侵害に対する救済」「補足」の５つの章によって構成されており、体罰の禁止、放課後や夜間に実施される強制自習の禁止、頭髪や服装など個性を実現する権利の保障、私生活の自由、児童生徒が学校運営や教育庁の教育政策に参加する権利の保障などが明記されている。

他に、例えばソウル市では下記のような条文になっている。

ソウル特別市児童生徒人権条例（２０１２年制定）

第三条（児童生徒の人権保障の原則）

１　この条例において制定される児童生徒の人権は人間としての尊厳を維持し、幸福を追求するために必ず保障されなければならない基本的な権利であり、教育と学芸をはじめあらゆる学生生活のために最優先的にかつ最大限に保障されなければならない。

２　児童生徒の人権はこの条例に挙げられなかったことを理由に軽視されてはならない。

３　学則等の学校規定は児童生徒の人権の本質的な内容を制限してはならない。

第十二条（個性を実現する権利）

１　児童生徒は服装、頭髪等の容貌において、自分の個性を実現する権利を有する。

2　学校の長及び教職員は児童生徒の意思に反して、服装、頭髪等の容貌を規制してはならない。但し、服装に関しては学校規則をもって規制できる。

初めて「児童生徒人権条例」が制定された京畿道では、体罰は少なくなり、校則見直しも行われた。さらに、人権教育が進められたことにより、取り締まり中心の生徒指導から脱却し、生徒と教師の関係性が、相互尊重的なものに変わっている場面も見られるという。また生徒の学校運営への参加が進んだことにより、学校文化そのものが変わり、市民教育も大きく前進している。

一方で、条例制定後も、「教権」（教師の教育する権利）が侵害され、学校が無秩序になるとの考えから、現場の教師や保守派からの反感もあり、必ずしも十分に現場に定着していないとも言われる。

条例制定後は教育庁や研究者などによって教師や児童生徒に対して各種質問紙調査などが行われてきた。条例制定1年後に教師・児童生徒・保護者に質問紙調査を行った金聖天は、学校が人権関連政策を進めるためにかなり疲労している反面、児童生徒の側は一部を除き大きな変化はないと考えているとし、問題の解決には教師と児童生徒の間、或いは児童生徒同士の「関係性」に着目する必要があるとしている。また、『２０１４京畿道学生人権実態調査』では、教師と児童生徒、保護者の間に児童生徒の人権の状況について認識の差が表れており、頭髪規制や体罰といった児童生徒への人権侵害について、教師よりも児童生徒のほうが多く存在していると認識している。

『〈全国学生人権実態調査〉結果報告書２０１４』によれば、手や道具を使用した体罰は16の広域自治体中、京畿道が最も少なく、他の部分でも児童生徒人権条例が制定されている地域の学校では条例が制定されていない地域に比べて児童生徒の人権は尊重されているものの、体罰や頭髪規制などは完全になくなってはおらず、人権保障のための総合的な対策を示す必要が指摘されている。

（出羽孝行「京畿道児童生徒人権条例制定後の学校の変化に関する研究」２０１５年）


しかも、必ずしも教師側がキツく制限したわけではなく、生徒自身が制限を課す場合もあるという。

校則の作成について、以前は生徒部（生徒指導部）の教師が主体となって行っていたものが、条例制定後は学級代表をはじめとした生徒や教師が集まった場所で生徒が投票を行うことになったものの、生徒自身が規則を主張するので、条例制定前と大きく変化したところはないという［教師A］。

（出羽孝行「京畿道児童生徒人権条例制定後の学校の変化に関する研究」２０１５年）

これは日本の学校現場でも起きており、これまでの延長線上で校則を考えるのではなく、一度ゼロベースで「自由」や「権利」それを制限する意味を考える必要があるのだろう。

ソウル市では、中高生の髪型や髪色を規制する校則について、２０１８年に市教育庁が２０１９年秋季からの撤廃を各校に要請したが、２０２１年に、韓国・国家人権委員会が調査したところ、行き過ぎた校則を設けている学校は31校（中学校44校のうち9校、高校85校のうち22校）にのぼり、そのうち27校では違反者に対する罰点の付与その他の指導・取り締まりが行われていたことが明らかとなっている。

残っていた校則として、例えば、「生徒の染髪やパーマの全面的制限」「宗教的アクセサリーを含むすべてのアクセサリーの着用禁止」「制服をジャケットまですべて着用しなければコートを着ることを認めない運用」など、10項目以上の制限を設けていたと指摘されている。

そうした実態を踏まえ、国家人権委員会は、個性を表現する権利、一般的な行動自由権などの基本権を侵害しているとして、「中高生に対して頭髪・服装などの容姿を制限する過度な学則は改正しなければならない」と、31校全ての校長に対し、校則改正、指導の見直しの勧告を出している。国家人権委員会は、政府から独立した機関であり、今回の調査・勧告もソウル市内の学校で生徒の頭髪・服装などが過度に制限されているという一般市民からの多数の申立てを受けて出されている。

今後この勧告がどこまで尊重され、学校現場が変わっていくかはまだ不明であるが、今後日本でも本格的に「ブラック校則」の見直し、生徒の学校運営への参加を進めていくにあたって、参考になる点は多い。

韓国の事例を踏まえると、重要なポイントは3つあるように思える。

一つ目が、根拠となる法律・条例の策定。二つ目が、定期的に行政が実態調査、介入（外部からも申立てできるように）。三つ目が、大人・子どもへの人権教育である。具体的に解説しよう。

①根拠となる法律・条例の策定

まずは、人権侵害となっている校則の見直しを進めていくための根拠となる、法律や条例の必要性だ。

本来的には憲法で規定されている人権は学校内でも守られるはずであるが、特に子どもに関しては教育指導の必要性から軽視される傾向が強い。

実際、日本の判例では学校にある程度の「部分社会の法理」（司法において、団体内部の規律問題については司法審査が及ばない、とする法理）を認めており、校則や児童生徒に特化した法律・条例の制定が望ましい。

ここ数年、教育委員会の方で校則に関するガイドラインを出しているところもあるが、法的根拠（拘束力）を明確にするため、やはり法律・条例が望ましい。

また教育の自治の考え方があるとはいえ、最低限の人権保障はどの地域、どの学校に通っていようが守られるべきであり、法律で制定することが望ましいのではないだろうか。

②定期的に行政が実態調査、介入（外部からも申立てできるように）

これまで見てきたように、法律・条例は必要であるが、それだけで十分ではない。きちんと実態に反映されているか、外部から定期的に実態調査を行う必要がある。

現に日本の教育委員会が校則について調査を行っているように、既存の行政内部の組織でも調査を実施することは可能だが、教育長などに大きく左右されることもあり、本来的には独立した機関が実施することが望ましい。

しかし日本では、「こども基本法」において、こどもコミッショナーの設置が見送られたように、子どもの権利を守るための国レベルの第三者機関は存在しない。１９９３年に国連総会で決議された「国内人権機関の地位に関する原則」（パリ原則）では、人権を守るための、政府から独立した国内人権機関の設置・運営を求めており、民主党政権時代などに本格的な議論も行われたが、日本では設置に至っていない。

③ 大人・子どもへの人権教育

最後が、大人、子どもへの人権教育の必要性である。やはり法案・条例が制定されても、その精神が理解されなければ、実態は大きくは変わらない。特に、これまで子どもの権利侵害が〝問題ない〟とされてきた日本においては、既存の指導方法を大きく変えることは簡単なことではない。大人、特に子どもと密接に関わる専門職への人権教育を強化しなければならない。

第二章でも触れたが、セーブ・ザ・チルドレン・ジャパンが公表した調査結果（「学校生活と子どもの権利に関する教員向けアンケート調査」）では、子どもの権利について「内容までよく知っている」教員は、約5人に1人（21・6％）と、現状は全く十分ではない状況が明らかになっている。

「こども基本法」が施行され、文科省「生徒指導提要」（生徒指導に関する教師用のガイドブック）も大きく改善されるなど、徐々に子どもの権利に関する社会的認識は変わりつつあるが、行政が法律、条例や方針を策定して終わりではなく、各関係者間において、児童生徒の権利を尊重する意識が定着するよう努力を続ける必要がある、というのが、最大の示唆だろう。

そしてそれは、「国連子どもの権利委員会」が、子どもの権利条約第二八条第二項「学校の規律」を遵守するために必要な指針として示している通りでもある。

子どもの権利条約第二八条
第二項　締約国は、学校の規律が児童の人間の尊厳に適合する方法で及びこの条約に従って運用されることを確保するためのすべての適当な措置をとる。

国連子どもの権利委員会

・締約国に対し、公立および私立学校における体罰および子どもの権利を侵害するその他の懲戒を禁止するための立法措置をとるよう要請

・意識向上のキャンペーンを実施すること

・条約に沿わない処罰を監視するメカニズムを設置すること

・苦情処理システムを確立して苦情を調査すること

・体罰に代わるオルタナティブな規律の形態を導入してそれらを実施する教員を育てること

・学校の規律方針の設計・開発への子どもの参加を促進すること

「違い」が前提のクラス編成や評価

これまで子どもの「意見表明権」保障の各国取り組みを重点的に見てきたが、日本では画一的な学校空間や、評価方法によって子どもの主体性が損なわれている。

そのため、諸外国では、子ども一人ひとりの「最善の利益」のため、どのような工夫をしているのか、いくつか具体例を見ていこう。

6歳になったら、小学校に入り、同年齢で学年が形成される。それが日本の〝常識〟だが、世界的には必ずしも〝常識〟ではない。例えばデンマークの学校。デンマークの義務教育は、1年間の就学前教育を含む10年間（0〜9年生）の小中一貫教育となっており、0年生は小学校生活に入る準備段階として設けられている「幼稚園クラス」となっている。通常6歳になると、小学校（1年生）に入学するが、この時、幼稚園教諭や保護者がまだ早いと判断すれば、入学を1年遅らせることもできる。逆に成長が早ければ、1年早く入学させることもできる。また9年生（中学3年生）を終えると、高校に入学するが、ここでも1年遅らせ、10年生として中学校に残ることもできる。あくまで本人の成長や希望に合わせて、柔軟に進路を選べるようになっている。

確かに、日本にいると同年齢・同学年が当たり前だと思ってしまうが、早生まれと遅生まれでも、成長の度合いが違うように、本人の特性に合わせて環境を選べる方が理想的であり、子どもの権利を保障していると言えるだろう。同様に、フィンランドでは、通常7歳の8月から小学校に入学することになっているが、ここでも6歳から始まるプレスクールで、本人の様子を見て、入学を1年遅らせることができる。

また、日本でも少しずつ広がりつつあるが、イエナプラン教育のように異年齢学級を導入している学校もある。

イエナプラン教育とは、ドイツで始まりオランダで広がった、一人ひとりの個性を尊重しながら、自律と共生を学ぶオルタナティブ教育である。その大きな特徴の一つが「異年齢学級」であり、一つのクラスは、1〜3学年の異学年で形成される。また時間割は自分で作り、自身の興味・関心や得意・不得意を考慮しながら、自分のペースで学んでいく。その時、年齢や理解度もそれぞれ異なるため、子ども同士でわからないところを教え合うなど、「違い」が前提になっているからこそ、生徒同士で競争し合ったり、順位をつけるということはしない。こうしてそれぞれのペースで進級し、学び直しをしやすい環境も整っているため、大学に進学する年齢もバラバラになっている。だからこそ、ＯＥＣＤ諸国では、25歳以上の大学生が全体の20%を占める（北欧では3割近く）。しかし「同年齢・同学年」、「同じペース」で進学し、会社の採用でも年齢が重視される日本では、25歳以上の大学生は全体の2%程度となっている。このように均一性の高い空間で学ぶからこそ、ちょっとした「違い」が目立ち、それを理由にいじめが起こったりもする。

また、一人ひとりの個性や成長度合いを尊重するために、評価方法も工夫している。日本の学校では「通知表」のように単純なものさしによって優劣がつけられることが小さい頃から日常化し、偏差値主義や能力主義を助長している。さらに、全国学力テストによって、自治体間の競争をあおり、〝トップ〟の地域では、過度な事前対策が取られるなど、高い点数を取ることが目的化し、本来の学びの目的が失われてしまっている。

他方、諸外国では中学校まで、成績の数値化や順位付けをしないなど、子ども一人ひとりの個性や可能性を大事にしている。例えばデンマークでは、法律で7年生（中学1年生）までは試験と通知表が禁止になっており、ようやく8年生（中学2年生）から13段階で評価がつき（ただしわかりやすい点数化はされていない）、義務教育を終える時点で学力テストを受け、修了認定となる。

教育に力を入れているシンガポールでも、2018年までは日本と同様に、勉強のモチベーションを高めるため、成績表にテストでの順位が記載されていたが、教育省の決定により、成績表に順位を記載することを全国的に廃止した。その理由としては、順位への過度な心配が勉強の妨げになっている可能性があること、「学習は競争ではなく、個人の成長のためである」という政府の基本的な考え方を示すためである。

小学校1年生と2年生の成績表からはテストの学年平均・中央値、最低・最高点数、赤点のマーキング、学年末の合否など、順位や点数に関する記述を抜本的に廃止し、両学年はテスト自体実施しないように変更。生徒の学習評価は、数字ではなく「質的な情報」に重点を置き、ディスカッションや宿題などから、子どもたちの学習進捗を把握するようにしている。

このように、集団の中で序列化するのではなく、あくまで個人の成長をはかるための「個人内評価主義」が世界的には一般的になっている。

「学力世界一」とも言われるフィンランドでも学力実態調査は行われているが、5%の学校を抽出して調査を実施している。そのため、過度に事前対策をする学校は生まれず、さらに、調査の結果、問題があると見られる学校には、教員をさらに手厚く配置するなど、優劣をつけるためではなく、あくまで現状把握と教育環境を改善するために活用している。しかし、日本では学力テストの結果が悪ければ、構造（リソース）の問題ではなく、個人（学校）の責任とされるため、過度な事前対策が生まれる。

このように、日本では競争型で子どもを特定の方向に「誘導」（成長）させているのに対し、他の国々では子どもの権利保障の観点から、それぞれの方向に成長するのを学校や社会が手助けしている。つまり、主体が異なる。日本は社会が主体（子どもが客体）であるのに対し、他の国々は子どもが主体である。そして、それが子どもの権利条約のいう、子どもは権利の主体である、ということである。

第四章

権力者にとって都合の良い日本の「民主主義」

平均投票率が86%になっているデンマークにおいて、「民主主義の父」と言われ、デンマークの戦後民主主義の支柱となっているハル・コックという神学者は、著書『民主主義とは何か』（日本では『生活形式の民主主義　デンマーク社会の哲学』として翻訳出版。小池直人訳、花伝社、２００４年）において、「民主主義とは、国民一人ひとりに根付く考え方であり、その考えのもとに営まれる生活の形式」だと主張している。つまり、民主主義とは、代議制民主主義など制度のことに限らず、いかに権威構造を排した、対話を中心とした人間関係をあらゆる場所で作れるかが重要だという。市民の積極的な参加が社会を機能させる中核であり、民主主義社会における最重要課題は、啓蒙《けいもう》と教育であるとしている。

コックはその一環として、デンマークの若者協議会である「デンマーク若者連盟」の前身組織である「デンマーク青年協力連合」や、民衆への教育機関である「フォルケ・ホイスコーレ」を立ち上げ、デンマークを民主主義国家として発展させている。

一方、日本では、学校や企業などにおいて、「権威構造を排した、対話を中心とした人間関係」を作れているかというと、甚《はなは》だ疑問だ。こうした対話を中心にしたコミュニティを形成できてこなかったことが、日本において民主主義が広がらなかった大きな原因の一つではないだろうか。

さらに、日本の政治家はよく「選挙で選ばれたんだから（政府の判断は正しい、政策の効果はあった）」と、選挙を正当性の理由として挙げる。しかし、後述のように、多数決である選挙には問題が多い。ハル・コックが言うように、本来、民主主義とは権威構造を排した、対話を中心とした人間関係が基盤にある。だが、日本の「民主主義」には、対話を防ぐための仕組みがたくさん埋め込まれている。それらを一つひとつ取り除いていかなければ、日本の民主主義が真に成熟することはないだろう。

多数者の専制

日本では、選挙に代表されるように、「民主主義＝多数決で決めること」と思われているふしがある。しかし本来、民主主義の基本は「話し合い」であり、多数決はやむを得ない、最終手段でしかない。理想はみんなが納得して決める、合議制である。多数決のどこが問題なのか。それは、「多数者の専制」に陥るからである。「多数者の専制」とは、多数決によって決めることによって多数派の意見ばかりが通りやすくなり、少数派の意見が無視される状況のことである。日本であれば、少子高齢化によって若者世代の意見が反映されにくく、選挙権を持っていない未成年や、これから生まれてくる将来世代の利益は考慮に入れられにくい。結果的に短期的な成果ばかりを求めた政策が生まれやすくなる。また小選挙区制を軸にした選挙制度によって、落選した候補者に投じた多くの有権者の声（票）が政治に反映されにくくもなっている（比例代表制では死票が出にくい）。

こうした多数決による「人気投票（選挙）」や、与党による議会の決定の弊害を減らすため、諸外国では様々な対策が取られている。

・くじ引き民主主義

特に最近、広がりを見せているのが「くじ引き民主主義」だ。「くじ引き民主主義」とは、無作為抽出で選ばれた市民が政策議論に参加することをいう。裁判員制度の政治・行政版と理解してもらえるとわかりやすいかもしれない。ただやや異なるのは、選ばれた市民が事前に専門家から正確な情報を提供され、対立する論点などをわかりやすく説明された上で、熟議する、「熟議民主主義」もセットになっている点である。

その代表例が、「気候市民会議」である。「気候市民会議」とは、国や地域によって主催団体は異なるものの、一般的には、無作為抽出（くじ引き）で集まった一般の市民（数十人〜１５０人程度）が数週間から数カ月かけて気候変動対策について話し合う会議のことを言う。

フランスでは、２０１８年秋に起こった燃料税引き上げへの反発、「黄色いベスト運動」を受けて、エマニュエル・マクロン大統領が「政府は、フィルターにかけることなく、国民投票、議会採決もしくは行政命令とすることを約束する」とした上で「気候市民会議」を開催。全国から無作為抽出された１５０人が、２０１９年10月～２０２０年６月の７回の週末に議論を重ね、短距離の航空便廃止や熱効率の悪い住宅の賃貸禁止、環境の大量破壊「エコサイド」の罰則化など、６つのテーマ（「消費」「生産／働く」「移動」「住」「食」「環境保護」）にまたがって、１４９の提言を大統領に提出。審議の過程で、憲法に反しているものや効果が見込めないものが除かれたが、気候市民会議の提言のほとんどが反映された「気候・レジリエンス法」が制定された。この「気候市民会議」はヨーロッパで広く開催されており、２０２２年からは日本でも地方自治体主催の「気候市民会議」が多く開催されている。

この「くじ引き民主主義」の利点は、大きく３つある。

一つが、少数派の意見も反映しやすい点である。気候市民会議では、社会の構成と同じになるように「ミニ・パブリックス」が形成され、年代・性別・地域・年収などを基準に選定する。フランスの気候市民会議では、普段なかなか政治に参加できていないホームレスも２名参加するなど、属性のコントロールが容易である点が利点となっている。

二つ目は、選ばれた市民は、人気投票でもなく、利害関係者でもないため、選挙を意識せずに、熟議がしやすい環境になっている点である。そのため特定の支持者や目先の利益ばかりを優先したポピュリズム的意思決定を防ぐことができる。

そして三つ目が、参加者は主催者（政府や自治体）が属性から抽出した人に送る招待状をもらわなければ参加できないため、パブリックコメントなどの一般的な市民参加制度＝自発的な参加を求めるものと異なり、一般的な層が参加することになる点だ。逆に既存の市民参加制度やＳＮＳはどうしても、利害関係者や特別関心の強い層が参加する傾向にあるため、極端な意見が可視化されやすいという弊害を持っている。

気候市民会議では、会議の結論に正当性を持たせるために、公平な運営や透明性を意識しており、講義の内容や資料なども公開するため、参加していない層にも啓発効果を生んでいる。

「くじ引き民主主義」は会議だけでなく、議会にも導入されている。

アイルランドでは２０２２年、「生物多様性の保全」をテーマに市民議会を開いた。無作為抽出で選ばれた99人の市民が「議員」となり、1年間議論を重ね、環境権などを含む憲法改正の国民投票を要求する勧告などを作成し、議会・政府に提出した。

さらに、東ベルギーでは常設型の市民議会が設置されている。２０１９年から設置されている市民議会では、抽選で選ばれた24人の市民（市民カウンシル）が１年半かけて議題設定などを行い、さらに25～50人程度からなる３つのくじ引き市民議会が熟議の上で提言を作成する。議会やベルギー政府はこの提言に対応することが義務付けられている。市民カウンシルは、議会の動きを監視する役割も持つ。

・ＥＢＰＭ（エビデンスに基づいた政策立案）

多数者の専制を防ぎ、公平・公正な意思決定を促すため、各ステークホルダーへの影響や施策の根拠を求める仕組みが議会や政府内外に導入されている。

イギリスでは、エビデンスに基づいた意思決定を行うため、政府とは独立した形で、温室効果ガスの削減目標に対するイギリスの進展状況と、同国の気候変動への取り組みに関するチェック機能を持つ「気候変動委員会（Climate Change Committee）」を設置している。毎年、イギリス議会に対し対策の進捗状況の報告書を提出し、政府はこの報告書に対する返答を議会に提出する義務がある。オランダでは、経済政策分析局が政府から独立した形で、政策の経済効果などを分析し、議会はそのデータを参照している。

カナダやスウェーデンでは、男女の格差縮小、世代別の格差縮小を進めるために、政策評価に「ジェンダー・メインストリーミング」を取り入れ、全ての政策の目的に、男女、世代別の格差縮小の観点を盛り込んでいる。財務省が各省からの予算要求に対し、それらがジェンダー平等にどのような影響を与えるか説明を求めるジェンダー予算を行っており、各省は全て男女別に作成されている統計局の統計データ等を用いて、男女別、年代別の政策効果を示さなければならない。

またオーストリア・ウィーンでは、「フェミニスト・シティ」として、都市にもっと女性やセクシャルマイノリティの人々の日常におけるニーズを反映させるために、「ジェンダー・メインストリーミング」の観点から分析し、ジェンダー平等都市を進めている。

他にも、様々な声を政策に反映させるために、住民参加型予算（地方自治体などの予算編成への住民の直接参加）、ステークホルダー会議（台湾では、公共政策オンライン参加プラットフォームＪＯＩＮで一定数以上賛同者が集まれば、オードリー・タンＩＴ担当大臣が共同会議を招集し、ステークホルダーが参加して、関連する政府部門と実行可能な改善案について議論する）、リバースメンター（台湾の大臣が35歳以下のソーシャルイノベーターを20

名ほどメンターにつけ、定期的にアドバイスなどをもらう）などの取り組みが行われている。これに対し、日本ではあまりにこうした施策が少なく、特に政府から独立した形で、政府をチェックする機能が極めて弱い。これも権力者にとって都合の良い仕組みの一つとなっている。

管理したいという欲求

日本の国会は、「事前審査制」が取られているため、法案の修正が途中で起こりにくい。「事前審査制」とは、内閣が提出する法案は与党内の部会で事前に審査され、総務会で決議されることとである。了承された後は、党議拘束によって与党の議員は全員賛成するため、基本的に国会に提出された後は法案の修正が起こらない。そのため国会審議が形骸化しやすく、野党は法案を廃案に追い込むため、「日程闘争」を行わざるを得ず、与党も審議拒否されないように、野党に配慮する。

「日程闘争」とは、国会の審議日程をめぐる与野党の駆け引きで、日本は会期中に議決に至らなかった案件は廃案となるため、可決を急ぐ与党は審議を早めて採決に持ち込もうとし、野党は引き延ばして廃案に追い込もうとする。つまり、政策の議論ではなく、政局がメインになるような設計になってしまっている。

こうした議会運営は、会期制（現状、日本以外の主要国は事実上の通年国会となってい る）と「会期不継続の原則」が導入された明治時代からの名残であるが、結果的に国会への国民の信頼は地に落ちている。２０１９年に言論ＮＰＯが公表した「日本の政治・民主主義に関する世論調査」の結果では、日本の国民の６割を超える人が政党や国会を信頼できないと答え、特に、若い世代から信頼を失っている。全世代で「国会」を「信頼できる」と回答したのは29・４％で、20代は13・４％という結果になっている。

日本の政策議論の中心は、与党の部会になっているが、そこは議事録なども公開されない、非公開の場となっている。本音の議論は表に出ることはなく、クローズドな空間で行われる。表に出る空間では、「儀式」のように、正しい手順に則って、粛々と進められる。こうした国会の姿は、日本の象徴であるかのようである。

つまり、予定調和を重視し、先が見えないことにはコミットせず、リスクを取らない。他国に追いつくための、右肩上がりの戦後の時代であれば、それでよかったかもしれないが、先行きが不透明で変化の激しい現代においては、致命的である。

予定調和を重視する姿は、国会だけに限らない。政府の有識者会議では、政府の方針に批判的な人が入ることは稀《まれ》で、あらかじめ方針に賛同してくれる人を優先的に選んでいる。政策も、長期的な投資や、自由に使えるものよりも、すぐに成果が出るものや、紐《ひも》付《つ》きの予算が多い。

　学校現場では、教員や児童生徒に裁量を与えずに、厳しいルールで縛る。そして、自分の頭で考え、〝勝手に〟行動する人材よりも、言うことを聞く人材を育てようとする。企業にとっても、安い給料で我慢して働いてくれる人の方が都合が良い。残業代（割増手当）も日本だと１２５％だが、アメリカは１５０％、イギリスなどヨーロッパでは平日１５０％、土日祝日２００％など、日本は安く長時間働かせられるようになっている。

　海外のように、待遇が悪いからと、ストライキやデモをされたら困るため、積極的に教えない。理不尽は変えるのではなく、社会は理不尽だから、受け入れられるようにするのが大事だと、文科大臣が平然と言う。

　そうして飼い慣らされた人材が育った結果、変化の激しい現代に追いつけず、衰退の一途を辿っている。デジタルへの対応にせよ、少子化にせよ、課題が深刻化してからじゃないと、行動に移せない。しかし、今の時代になっても、ＦＡＸを使っている非効率さなどは現場の人間であれば誰でも知っていることである。共働きになっているのに、労働時間は長い、社会で子育てをサポートできる環境は整っていないことも誰でも知っている。しかし、自由に意見を言える空気はなく、ボトムアップで声を吸い上げる仕組みも整備されていないため、変化に対応できない。

権力者にとっては、予定調和的であることの方が都合が良いが、それでは時代遅れになることは明らかである。

他の国々では、本来多様な人々を縛る弊害をよくわかっており、むしろそれぞれに権限を与えることによって、可能性の拡張や、変化に対応しやすい状況を作っている。

厳しすぎる選挙運動のルール

そして日本では、選挙においても、他の先進国に見られないほど厳しいルールが設定されている。

公職選挙法は、「～してはいけない」という禁止項目が並ぶ、いわゆる「べからず法」だが、選挙運動の時期、主体、方法について厳しく制限しており、特定の選挙運動についてのみ限定的に認めるという形になっている。そのため、投票依頼を目的とした戸別訪問の禁止、事前の選挙運動の禁止、ビラやポスターなどの「文書図画」の細かい制限に加え、未成年者の選挙運動の禁止、公務員の政治活動・選挙運動を禁止している。それも全く合理的ではなく、例えば、運動員を除いて飲食物や茶菓子の提供が禁止されているが、同じお茶でも、缶に入ったものはダメ、湯飲みならＯＫという謎なルールになっている。

　選挙期間中に第三者が公開討論会を開くこともできず、急に選挙日程が決まる衆議院選挙では、公示前に準備することは難しい。以前、筆者が代表理事を務める日本若者協議会が衆院選前に公開討論会を開こうとして、直前に断念したことがあった。選挙期間中は選挙カーが候補者の名前を連呼しているが、あれも法律で「連呼」しかできないと決まっているからである。放送法で、政治的公平が定められているため、公示後に、討論会を見ることもできない。こうして有権者が立候補者の情報を十分に得ることもできない。２０２３年４月、フィンランドの総選挙に合わせて視察に訪れた際、投票日直前まで毎日テレビで討論会が開かれていて驚いた。

　一方、有料広告に関してはルールが緩い。草の根での選挙運動を厳しく規制する一方、政治活動に分類されるテレビＣＭや新聞広告には制限がない。しかし、単価の大きい商業広告こそ、資金力の有無がものをいう。だからこそ、アメリカ以外の先進国では有料広告を規制している国は多い。

厳しいルールが設定されている表向きの理由は、買収などの不正を防ぐためや、財力による不平等を防ぐためということになっているが、実際のところは、現職の候補者にとって有利だからである。有権者のためであれば、諸外国と同様に、政治活動と選挙運動を分けずに、原則自由にし、有権者と候補者が積極的にコミュニケーションを取れるようにすべきである。しかし現実的には、現職にとって有利なルール改正は積極的に進められており、選挙運動の期間は徐々に短縮化が進んでいる。今や、市長を決める選挙の期間は７日間しかない（戦後すぐは20日間であった）。

さらに、世界で最も高い供託金も残っている。選挙によって金額が異なるが、日本では選挙に出るためには、供託金を出さなければならない（**図表４-１**）。一定の得票率を獲得できれば、戻ってくるお金だが、国政選挙では選挙区で一人３００万円、比例区だと一人６００万円（名簿単独者の場合。選挙区と重複立候補者の場合は３００万円）と、多額の供託金を用意できなければ、選挙に出馬することさえできない。当然、若者の方が資産形成の期間が短いためハードルが高く、資金力のある既成政党の方が有利になっている。

その目的は、売名や泡沫《ほうまつ》候補の乱立を阻止するための制度となっているが、世界的に見ても、日本の供託金は突出して高い。多額の供託金が必要になるのは、日本の選挙制度を参考

図表４－１　下院選挙への出馬に必要な供託金額

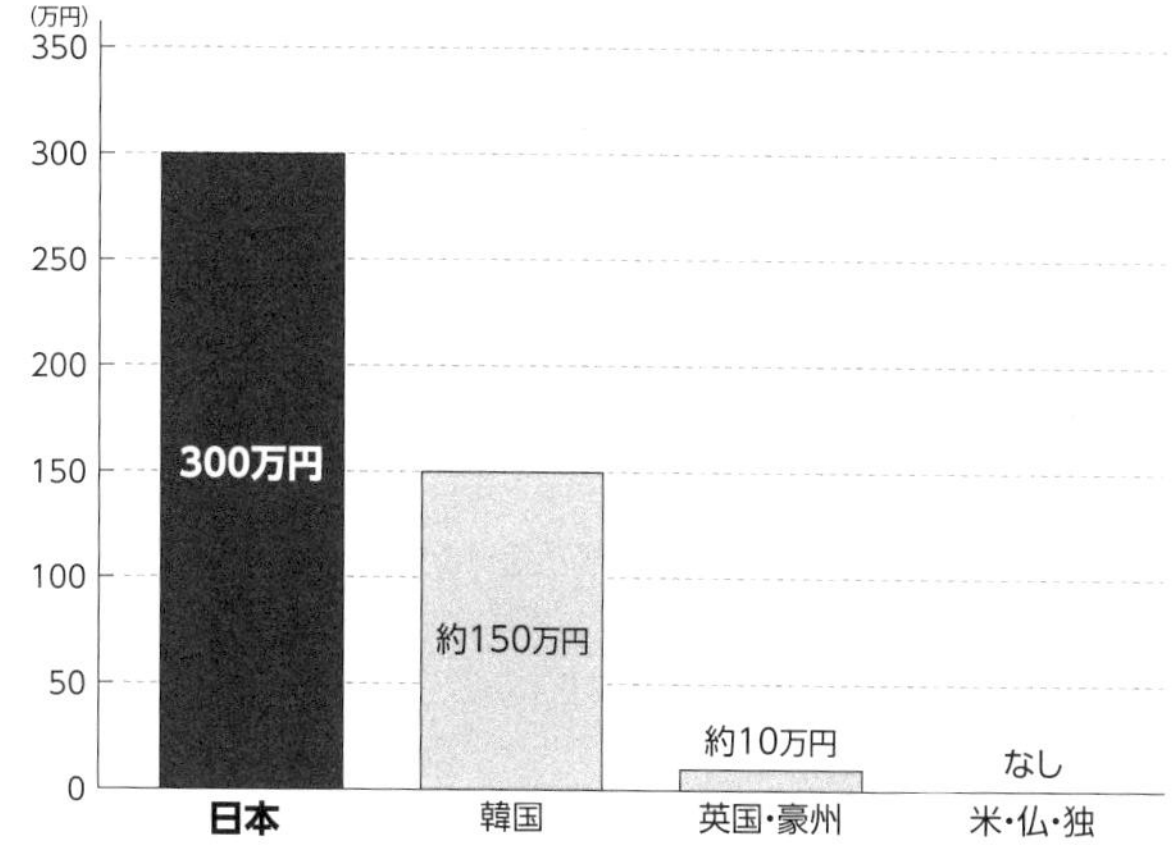

筆者作成

にした韓国と台湾ぐらいであり、他に供託金がある国は10万円程度である。アメリカやフランスなど供託金がない国も珍しくはない。カナダは２０１７年に違憲判決が出たため、連邦下院選で１千カナダドル（約10万円）だった供託金の制度を廃止した。そうした国の乱立防止策は様々だが、供託金制度を廃止したカナダでは下院選挙に出るには有権者１００人の署名が必要になる。ドイツでも下院選小選挙区の候補者は立候補する選挙区の有権者２００人以上の署名が求められる。アイルランドの下院選では選挙区内の有権者30人の署名を５００ユーロ（約８万円）の供託金の代わりにすることができる。フランス大統領選では、国会議員や地方議員の署名５００人分を集めることが立候補の条件になっている。署名制度は各国様々で、スイスなどのように、政党ごとに一律の基準で署名要件を課す国もあれば、デンマークなどのように、政党に属さない無所属の候補にのみ署名を課す国も存在する。

カナダの裁判所は判決の中で、「真摯《しんし》な候補者が供託金という財政的な理由によって立候補を妨げられている」と指摘し、供託金の制度が「立候補に対する重大な制限」に当たり、全ての市民が議員になる資格を得る権利があると定めた憲法に違反すると結論付けたが、日本でも見直す時期に来ているのではないだろうか。

日本若者協議会が事務局として関わる超党派の「若者政策推進議員連盟」では、２０１８年11月に、各党の政調会長に提出した提言の中で、「政治を志す若者がどのような経済状況に置かれていたとしても立候補できる環境を整えるのは極めて重要」であり、供託金を「廃止も含め大幅に引き下げる方向で、諸外国の状況も踏まえて不断の見直しを行っていくべきだ」と訴えている。

理不尽に抗う術を持っていない日本の若者

こうした権力者にとって都合の良いルールが至る所で設定されている。しかも、理不尽に

図表4－2　世代によるデモに対する評価

	20代	30代	40代	50代	60代
政治的・社会的な主張を行うためのデモは評価できる	45%	46%	46%	51%	67%
デモは政府や政治家に自分たちの意見を伝えるための有効な手段である	53%	53%	57%	52%	66%
デモは社会を良い方向に変化させるための有効な手段である	44%	46%	39%	41%	53%
デモは社会全体に迷惑をかけている	51%	50%	47%	41%	32%
デモの主張は社会的に偏ったものである	61%	56%	52%	39%	31%
デモは社会的に容認できないほど過激なものである	44%	44%	31%	29%	16%

出典：富永京子「日独の若者におけるライフスタイルを通じた政治と社会運動」(2020年)内のシノドス国際社会動向研究所、2019年「生活と意識に関する調査」をもとに作成

気付いていても、それを変えようと社会運動を起こす国民は少ない。それは、学校教育で、言われたことを守ることが大事だと徹底的に教え込まれており、理不尽に抗《あらが》う術《すべ》を教わっていないからである。むしろ、デモへの忌避感が強いように（**図表4-2**）、空気を乱す人は、国民からも嫌われる。しかしそれで損をしているのは国民であり、自ら首を絞めていることにそろそろ気づく必要がある。

　主権者教育（シティズンシップ教育）の目的は、社会の一員として、積極的に社会に参加し、社会課題の解決に貢献する市民を育てることである。しかし日本では、この主権者教育が十分に行われてこなかったため、どう社会に参加したら良いかがわかっていない。

「投票」という極めて限定された行為は教えられているが、そもそものルール自体を疑ったりはしない。政治参加において、投票は一つの手段でしかなく、他の先進諸国で教えている、ロビイング（陳情）やデモ、メディアの活用など、「社会の変え方」は教えていない。

さらに、他の先進国で与えられているような権限も国民には与えられていない。その一つが、被選挙権ではあるが、人権を侵害された時に、自分の権利を主張する手段をあまり持っていない。その代表例が、「個人通報制度」である。「個人通報制度」とは、国際人権法において定められる制度の一つで、条約に定める権利を侵害された個人が、実施機関に通報を行うことができる制度である。

ややわかりにくいため、具体例を挙げよう。日本が１９９４年に批准した「子どもの権利条約」では、「通報制度を規定する選択議定書」で、個人通報制度について定めている。これによって、人権侵害を受けた個人かその代理人が、国連の条約機関に通報し、仮に人権侵害が認められれば、日本政府に対して是正と救済を求める勧告を出すことができるというものである。しかし、日本は個人通報制度に参加していないため、人権侵害があっても、国連に対し是正・救済を求めにくい環境になっている。

また、個人の権利を救済するための仕組みである、「国内人権機関」も日本には存在しない。「国内人権機関」とは、あらゆる人権侵害からの救済と、人権保障を促進することを目的とした国の機関である。政府から独立し、人々の人権が侵害された場合に調査を行い、救済する役割などを担う。

　例えば政府から独立した国内人権機関（国家人権委員会）が設置されている韓国では、人権に関わる全ての法案が国家人権委員会に送られ、意見が求められる仕組みになっており、日本でも話題の中高生の髪型や髪色を規制するいわゆる「ブラック校則」について、国家人権委員会が調査を行い、行き過ぎた校則を定めている全ての学校長に対して校則改正と指導見直しの勧告を出している。

　このように、権力の弱い国民を救うための仕組みが先進国には整備されているが、日本は、権力者にとって都合の悪いこうした仕組みは整備されていない。

　そして、権力者にとって都合の良い「民主主義」国家になっていることと、人権が軽視されてきたことは裏表の関係にある。

道徳教育と人権教育の違い

なぜ日本では、「人権」が重視されてこなかったのか。その原因は、道徳教育の影響と、国内人権機関が存在しないことが大きい。

日本では道徳教育によって、思いやりを大事にするように教わる。相手の気持ちや立場を考えて、よかれと思うことをしようというものである。しかし、人権とは「思いやり」ではない。そもそも多様な社会で、他人の考えはそんな簡単にわからないという前提があるが、人権とは、「人々がその属性にかかわらず可能性や選択が尊重されるべきだ」という考え方に基づいており、人権保障とは、そのための環境を整備することである。

そして、その環境を整備する責任は、政府が負っている。

国連人権高等弁務官事務所の定義ではこのように説明されている。人権とは「生まれてきた人間すべてに対して、その人が能力を発揮できるように、政府はそれを助ける義務がある。その助けを要求する権利が人権。人権は誰にでもある」。

つまり、人権とは親切や思いやりによって実現するものではなく、政府が制度などによって人権を保障する義務を負っている。だからこそ、欧州の人権教育では、権利の内容だけでなく、その権利を主張するための手段、デモやロビイングなどを教えている。

他方の道徳教育は、思いやりや善悪の判断など、規範意識を身につけさせ、国民が（大人しく）行動することを求めており、そこに政府の責任は生じない。

だから、道徳教育で、政治参加の手段を教えることはない。

人権教育は、国民が自らの権利を知り、行動できるようにする（それも政府などの権力者に対して声を上げることを推奨する）。

このように、「道徳教育」と「人権教育」では、考え方が全く異なる。さらに、日本では、人権教育の定義も世界標準とは異なるものになっている。

２０００年に与党による議員立法として成立した「人権教育及び人権啓発の推進に関する法律」では、人権教育とは「人権尊重の精神の涵養を目的とする教育活動」であると定義されている。

国連の定義と見比べれば明らかなように、思いやりや優しさなどの精神面が強調されており、道徳教育と似通っているものとなっている。この定義では、人権の実現のために、政府に働きかけよう、そのための知識を国民に提供しようという発想は出てこないだろう。現に日本で起こっているのは、思いやり（あるいはバッシング）などの国民相互のやり取りであり、そこに国や地方の責任は出てこない。政府や権力者にとって都合の良い解釈と言い換えても良い。

国際比較調査（ＩＳＳＰ２０１６）によれば、「住居の保障」「低所得家庭の大学生への援助」「高齢者の生活保障」などに関して、「政府の責任」であるとする日本人の回答は、調査対象35カ国中、35位だ。見事に、政府にとって都合の良い国民が育っている。

さらに、思いやりを与えてもよい対象として弱者扱いされれば、十分な助けを得ることができるが、弱い立場から抜け出した瞬間に逆にバッシングに遭うことも珍しくない。例えば、貧困を取り上げたドキュメンタリーで、スマホを持っていたら〝贅沢〟だとたたかれる。

そのように弱者であることを求められるのが善意であるのに対し、権利保障は選択肢の保障であり、誰もが持つべきものである。

１９９５年に成立したイギリスの「障害差別禁止法」の成立過程では、障害者団体が市民権や交通アクセシビリティなどを要求し、車椅子で道路を塞《ふさ》ぐなど、デモやキャンペーンを行ったが、その時のスローガンが「慈善ではなく権利を」であった。

自分たちを憐《あわ》れみの対象としてではなく、権利の主体として、公平・公正な権利を求めたのである。

このように、人権教育と道徳教育では、人々に求める行動が大きく異なる。国民の政治参加率を見れば明らかなように、民主主義教育も全く不十分だが、まずこの違いを理解しなければ、日本でこれまで十分に民主主義教育が行われてこなかった理由を理解することはできない。

　人権と民主主義は切っても切り離せない関係であり、人権を尊重する社会にするために、あらゆる人々が意見を言いやすい環境、民主主義が必要なのである。

　そのため、民主主義教育の必要性を認識するためには、人権教育が欠かせない。そして、人権を適切に理解できれば、いかに民主主義教育が重要か理解できるだろう。実際、ヨーロッパ諸国の教育カリキュラムを見れば、民主主義を最上位目標に掲げている。

「学校は、生徒に民主主義が実際に何を意味するのか学び、参加する機会を提供するものとし、民主主義を実際に体験する場でなければなりません」（ノルウェーの例）

　一方、日本では民主主義教育が端に追いやられており、他の科目などで〝時間がない〟ために、主権者教育も十分にできていない。しかし本来は、学校で最も重要なのが、民主主義教育であり、むしろそれをコアにしなければならない。全ての科目で民主主義について触れ、学校生活で実践する（学校内民主主義の実現）。そして誰もが、人権保障のために、どう民主的に行動すればよいのか、知識を持ち、自分でも変えられるという感覚を持てるようにする必要がある。

そうしなければ、ジャニーズ問題を知っていても、事務所関係者やテレビ局、スポンサー企業に軽視（無視）されたように、様々な課題が取りこぼされ、あらゆる人々が生きやすい社会は作れないだろう。

第五章

欧州の民主主義教育

スウェーデンやデンマークなど、北欧諸国の投票率は9割近くに達し、若者の投票率も8割を超える。現地で若者になぜ投票に行くのか聞けば、自分の一票で社会を変えられるから、だという。なぜそうした感覚を持てているのか。そのヒントが、幼少期から徹底して行われている民主主義教育にある。どのような実践が行われているのか。視察に訪れたことのある国を中心に、ヨーロッパの取り組みを紹介しよう。

民主主義教育は幼少期から

若者の投票率や政治参加を進めるために、ヨーロッパではどういうことをしているのか。

２０２２年参院選の公示日となった6月22日、スウェーデン大使館主催で、「若い世代と民主主義」をテーマに、スウェーデン若者・市民社会庁のスタッフ、スウェーデンの高校生と対話するイベントに登壇した時に、その２人がイベントを通して繰り返し述べていたのが、「パワー（自分の権利）を持っていると認識してもらうこと、使ってもらうこと」の重要性だ。

実際、スウェーデンの教育法では、小学1年生の段階から民主主義の価値を学ぶことが重視されており、幼少期から民主主義教育が行われている。

具体的には2つの大きな柱があり、一つは、民主主義の知識を広めること、もう一つは、「民主主義を通して」民主主義を学ぶための経験を提供することである。

民主主義は知識だけではなく、態度や感覚的なものでもあるため、早ければ早いほど効果は高い。実際、こうした民主主義教育は幼稚園の頃から実践されている。例えばスウェーデンの幼稚園では、今日のおやつをリンゴかバナナにするか、どの公園で遊ぶか、どの遊具を使うか、先生が決めるのではなく、児童みんなで話し合って意思決定をする。森の中に幼稚園があることから、どんぐりを使って、投票したりもする。こうして、民主主義を通して民主主義を学ぶ経験をたくさん積み重ねていく。

小学校では、給食のメニューをみんなで決める「給食協議会」も設置されており、学校内のことについてみんなで考え、決めていく。

そして小学校の頃から、学校内だけでなく、行政に対しての働きかけも行う。ノルウェーのシーエンという町では、小学生たちが（学校が終わった後は、家族や友達と過ごしたいと）「宿題をなくしてほしい」とデモ行進を行い、その足で町議会へ向かって学校の宿題の是非を議会で取り上げることを約束させた。

中学生以上を対象に行っているスウェーデンの「学校選挙」（模擬選挙）においても、単に知識的に投票の方法や、各党の違いを学ぶだけでなく、どうしたら自分たちの影響力を高められるか、その権利や方法についても考える。

小学生や中学生はまだ投票権や被選挙権を持った有権者ではないものの、主権者の一人として、まちづくりに参画するための様々な取り組みが行われている。

有名な事例としては、ドイツのミュンヘン市で開催される「ミニ・ミュンヘン」が挙げられる。これは、8月の夏休み期間3週間だけ誕生する、7歳から15歳までの子どもだけが運営する「小さな仮設都市」で、市長も議員も役所も銀行も働くところも全て子どもだけ。働いてお金を得て、税金も納め、市長や議員も選挙で選ばれる。仮設都市と言っても、オンライン上でやり取りをするのではなく、実際に街の中に仮設都市を作り、そこでまちづくりを行う。２０２０年に行われた「ミニ・ミュンヘン」は、コロナ禍でクラスターを避けるために、ミュンヘン市全体が会場となり、市内全体を4つのゾーンにわけ、40箇所に運営拠点を作り、本物の街で自分たちの街を作った。

まちづくりの合意形成をしていく上では、もちろん意見が分かれ、幼少期であれば「喧嘩」になることも珍しくない。ただ、「ミニ・ミュンヘン」では、子ども同士の喧嘩についても考えさせ、子どもの喧嘩に成人が干渉したりはしない。それは大人になってからもトラブルをどう処理するかは重要であり、その方法についても学ぶ必要があるからだ。ただ急に自分たちだけでトラブルを処理して、と言われても難しいため、「ミニ・ミュンヘン」の市民になる前に「喧嘩アカデミー」でトラブルや衝突の処理の仕方を学ぶ。喧嘩をしないのではなく、喧嘩をしても仲直りをする方法を学ぶのである。

ミュンヘン市が面白いのは、「ミニ・ミュンヘン」でまちづくりを学ぶだけではなく、本物のまちづくりにも子どもが参画している点である。それが、「こども・青少年フォーラム」。

「9～16才くらいまでの子どもたちが『身の回りの環境をこう改善したい！』という提案を行うもので、年に2回、春と秋にミュンヘン市議会本会議場で開催されます。参加した子どもたちの議論と多数決で提案が可決されると、同席している市役所と市議会の各党の担当者が決められ、1年以内にその提案を実施しなければならないという仕組みで、毎回10数事業の提案があり、8割程度が可決されます」

（「ミニ・ミュンヘン研究会」ＨＰより）

日本でも、「ミニ・ミュンヘン」を参考にした事例や、北海道・ニセコ町の「小学生・中学生まちづくり委員会」といった取り組みもあるが、参加者が非常に限られており、学校との連携が少ないのが大きな違いである。東京都では「住民参加型予算」として、高校生も対象にした「都民による事業提案制度」が行われており、画期的ではあるものの、学校と連携していないために、こうした取り組みが高校生本人に知られることがほとんどなく、非常にもったいない状態となっている。

　こども・青少年フォーラムの提案は子どもたちによる自主的なもので、学校や公園、あるいは通学路周辺に関するものが多くなっている。提案のきっかけとして、ＮＰＯが毎回10の学校、合計20クラスに出前授業を行い、学校周辺のまち歩きをして、問題を発見しながら提案づくりの指導を行っている。

「出前授業のテーマは、①学校、②交通、③遊び場、④エコ・リサイクルの４つあり、もちろん最終的にフォーラムに提案するかどうかは、子どもたちの自主判断になります。実際の提案内容は、『学校のトイレが汚い』、『学校の水道水を飲みたいがまずい』という身近な意見から、『学校のそばの道路でうさぎが轢かれたので、横断歩道を作ってほしい』、『一方通行の道を、自転車には両方通行にしてほしい』、『公園にスケボーランプを作ってほしい』という比較的小さな提案、さらに『子どもの交通料金を安くしてほしい』、『電気自動車を増やすべき』、『ミュンヘン市の建物はすべて太陽熱と地熱を利用すべき』という大きな提案まで様々です。子どもたちに可決された提案は、半年後のフォーラムでその事業の進捗状況が報告されます。模擬都市ミニ・ミュンヘンで都市の仕組みを学んだ子どもたちが、毎日暮らす実際のまちで感じたさまざまな問題を解決するための提案事業として、大変興味深い取り組みです」

（「ミニ・ミュンヘン研究会」ＨＰより）

この背景には、もちろん子どもの権利への意識の差が根底にあるが、ミュンヘン市では市の専門職として、市の様々な施策において子どもの参画を促す役割を担う、子ども参画専門員（Kinderbeauftrage）が存在し、常日頃子どもの参画について考えている。こうした存在がいるからこそ、実効性の伴った形で、数多くの子どもがまちづくりに参画できる環境が整っていると言える。

このように、幼少期からあらゆる場面で民主主義を経験し、行動する市民へと育っていく。それがヨーロッパをはじめとした他の先進国の取り組みであり、日本が学ぶ点は多い。民主主義は態度であり、感覚的なものであることを理解すれば、高校生になってから学ぶようでは遅いことがわかるだろう。

参加と影響力

「参加」だけでは不十分で、実質的に影響力を行使できなければ、「学習性無力感」に陥ることは第二章で書いた通りだ。形は参加していても、実際に影響力を与えられなければ、「自分には力がない」と学び、今後声を上げようとしなくなる。この弊害を先進的な国ではよくわかっており、ヨーロッパの若者政策の文章には必ずといってよいほど、「参加」とは別に、「影響力」あるいは「エンパワメント」という言葉が入っている。これは幼少期から意識されており、スウェーデンの幼児教育の基本方針には、「子どもの参加と影響力」という項目が作られている。

前述のフィンランドの教科書にも、「影響力」という章が作られていた。

「参加」の前に、「影響力」があるのだ。なぜなら、子どもや若者の声を聞く理由は、影響力を発揮してもらうためだからである。子どもや若者自身のこと、属している社会に影響を与えるために、意見を聞く（自己決定権と民主主義）。

そして学校の民主主義教育・人権教育では、影響力を発揮する手段として、デモやロビイング、投票、メディアの活用などの具体的な方法まで教えている。

さらに、「影響力」という観点から見れば、高校生の時から教育委員会や中央審議会に入っていることは珍しくなく（フランスではあらかじめ中央教育審議会に４名の高校生枠が設けられており、全国組織から選出される）、日常生活においても常に自分の意思を求められる。

スウェーデンでは、新しく法律を制定する際は、必ず、法案に関わるステークホルダーの合意を得るプロセスが確立されている（レミス制度）。若者に関する政策を通すときは、若者協議会をはじめ、若者団体が議論に参加し、政策決定に関与している。

さらに、リソースに欠ける若者でも社会に影響を与えられるように、若者団体に多額の経済的支援を行っている。スウェーデンでは、子ども・若者団体に限定して、年間約45億円の助成金を出し、フィンランドでは、ユースワークのために年間94億円ほど政府から助成金が出されている。

デンマークでは、一般教育法によって、自主的な一般教育を行う団体（スポーツクラブ、政治・宗教に関する青少年団体、スカウト協会など）に対する支援が地方自治体に義務付けられている。特に25歳以下の若者に関する活動に対しては、財政的支援や施設の無料提供を行う義務がある(25歳以下の若者が活動する場合は65%を自治体が補助しなければならない)。もちろん、お金は出しても、活動内容に口は出さない。支援・保護対象ではなく、権利の主体として子ども・若者を見ているために、主体性を尊重するのである。

このように一貫して、若者に影響力を与える（エンパワメント）ために、若者政策を整備している。

スウェーデンで若者団体、市民団体への助成金事業を行っているスウェーデン若者・市民社会庁のミッションは「民主主義を特に若い人たち向けに発信し、支援すること」。若い人たちが自分の意見を全てのレベルで言えるように支援し、若者が社会に対して影響を与えられると理解できるようになることが重要だと考えている。

民主主義にとって政党は重要であるとの考えから、各ユース党（各政党に存在する若者の組織）も若者団体と定義され、政府が助成金を出しているのも特徴的である。

「学校選挙をすることで、学校で選挙や政治、民主主義について取り上げ、議論することに繋がります。私たちは、できるだけ政党やユース党が学校に行って、生徒たちと話すことを望んでいます。政党は民主主義の土台で、若い人たちが政治家に会う機会が減ると、政党の会員も減ってしまいます。それは、民主主義にとって良くないことです。できるだけ本物の選挙に近い形にすることが大事だと思っています」（スウェーデン若者・市民社会庁の局長レーナさん）

若者の影響力を高めるためには、「声の上げ方」や「合意形成の仕方」を学ぶこと、政策決定過程など社会の意思決定に参画できる機会を設けること、社会の中で活動できる環境を整備することが重要である（社会的な活動は、必ずしも政治・社会系の活動だけでなく、スポーツ・文化系の活動も含まれる）。

つまり、民主主義教育、政策決定過程や各社会（学校や大学など）で若者の声を聞く仕組み作り、若者の主体的な活動への支援（ユースワークやユースセンター）が必要となる。これらは相互に深く関係しており、民主主義教育をきちんと行わなければ、政策決定過程や各コミュニティで声を上げようとしないし、主体的に活動する場がなければ、声を聞く場を作っても、声を上げられる人は限られる。

特に若者は移行期であり、若者である期間は短い点（大人が50年程度は続くのに対し、若者は10～20年程度）、資産形成期間が短い（存在しない）若者ほど経済的に脆弱《ぜいじゃく》な点から、支援がなければ、持続的に活動を続けることは困難となっている。実際、日本ではこうした若者団体に限定した助成金が存在しないために、若者団体のほとんどが２～３年で活動休止となっている。

日本若者協議会がモデルにしているスウェーデンの全国若者団体協議会（ＬＳＵ）は１９４８年設置であり、助成金がなければ、ここまで続いていないだろう。それも活動範囲が多岐にわたっており、専属のフルタイムスタッフ（年齢は若い世代に限定されない）がいるからこそできるようになっている。

フィンランドの若者協議会アッリアンシでは、模擬投票から生徒支援（生徒組合）、民主主義教育、ロビイング、交流など、様々な事業を行っている。

アッリアンシの場合は、年間予算２５０万ユーロ（３億７０００万円）のうち、65％（２・４億円）が教育文化省、15％が他の省庁やＥＵから提供され、20％が民間からの助成金などから集めている。これにより、約25人の専属スタッフを雇うことができ、安定した運営を行うことができている。人口５５０万人程度のフィンランドで、ユースワークのために年間94億円ほど政府から助成金が出されている。いかに若者を重視しているかがわかるだろう。

一方、日本には、こうした「若者団体への経済的支援」が存在しない。もちろん非営利団体への助成金は存在するが、年齢要件がないために、長年続いている実績の多い大人の団体と、活動歴の短い若者団体が同じ枠を競うことになり、当然若者団体が選ばれる可能性は低い。

なぜ日本にはこれまでこうした施策がなかったのか。それは、子ども・若者を「問題を抱える存在」として認識し、支援・保護の対象としてしか見てこなかったからである。

実際、これまで日本の子ども・若者施策の中心にあった「子ども・若者育成支援推進法」（2010年施行）では、ニートやひきこもり等の困難を抱える子ども若者への支援を主に想定しており、一般的な子ども若者に焦点が当たっていない。

法律の名前自体に「育成支援」が入っていることからもわかるように、対象はあくまで、支援保護対象者としての「子ども・若者」であり、社会の問題としての「子ども・若者」像である。しかし、子どもの権利の考え方では、子どもを単に未熟者として扱うのではなく、一人の人間として意見や権利が尊重される存在、「権利の主体」として扱うことが重要とされている。それが子どもの主体性を伸ばし、自分らしく生きられることにつながるからである。

このように、これまでは子どもの権利の考え方が浸透していなかった日本でも、こども基本法（子どもの権利を守るための日本で初めての法律。２０２３年４月施行。詳しくは第六章）が施行され、子どもの権利が尊重されるようになった。

であれば、子ども・若者の主体的な活動を支援するために、「若者団体への経済的支援」は必須である。

本物の議会と変わらない？　若者議会

各地域で、子どもや若者の声を政治に反映させるために重要な役割を担っているのが、「子ども議会」「若者議会」の存在である。

日本にも「子ども議会」「若者議会」は存在するが、質的には大きく異なる。フィンランドの首都・ヘルシンキに設置されている「ヘルシンキ若者議会」（Youth Council）は年一回開催の体験型ではなく、日常的な活動の場となっている。まず議員は、13〜17歳の30人で構成され、任期は2年。

そのメンバーは、選挙で選出され、本物の地方選挙と同じように、ホームページで候補者が掲載され、各候補者はスローガンを掲げて投票を呼びかける。

投票を行う有権者は、同じくヘルシンキに住む13〜17歳だ（ちなみに、２０２１年は74人の候補者が立候補した）。

活動頻度はほとんど毎日で、議会と同様に、各政策委員会に分かれて活動する。給料は出ないが、ある程度の活動費（1万ユーロ＝約１４５万円）は存在し、地方議員とあまり遜《そん》色《しょく》ないレベルで活動している。現代の民主主義社会では、全ての人が全ての物事の意思決定に参加することが難しいため、国民の理解、納得を得るための「正当性」が重要になっている。子どもや若者の声を聞く時にも、この観点がなければ、参加していない同世代がその決定に納得することができず、第一、全ての若者を排除から防止することができない。そして、その「正当性」を確保するために重要なのが、代表性、当事者性、専門性である。「ヘルシンキ若者議会」は、選挙で代表を選出し（代表性）、当事者として継続的に議論することによって（当事者性と専門性）、質の高い提言を出し、意思決定に参画することができている。

一方、日本でよく行われる、子どもや若者にアンケートを実施する、方針を決める前にわずかな人数に1回意見を聞く、「ヒアリング事業」にはこれらがほとんど存在しない。

第一、海外には様々な先進事例が存在するが、もちろんアンケートなどを行ったりはしているものの、「ヒアリング事業」をメイン事業としてやっている他国の事例は聞いたことがない。フィンランド若者協議会アッリアンシの上級顧問であるヤルッコ・レヒコイネンさんは、若者の参加について、「quasi-participation（擬似参加）is dangerous」と言っていたが、まさに、「擬似参加は危険」である。なぜなら、声を上げてもあまり意味がなかったと、ディスエンパワメント（力を奪う）することになるからである。

今の政府、自治体の事業のままでは、子ども・若者をさらにディスエンパワメントさせかねない。これまでの延長線上ではなく、真の意味で、子どもの権利に沿った事業に大きく転換していくことを期待したい。ただ、日本でも、「子ども議会」を開催している議会も珍しくない。しかし、同じような名前でも、実態は大きく異なる。

それは、権限の違いに集約される。日本の「子ども議会」は、その多くが「体験型」で、あくまで見学や交流がメインとなっており、子どもの意見を行政に反映させるのが主目的の取り組みではない。つまり、これも何度も書いている通り、「子どもの参画のはしご」でいう「非参画状態」であり、これを「参画状態」へと改善しなければならない（**図表2-5**、75ページ）。

一方、例えばフランスでは毎年子ども議会が開催されており、国民議会の定数と同じ577名の小学校5年生がジュニア代表としてパリの国民議会に集まり、法律案の議論が行われる。そして、子ども議会の提案は大臣、国民議会議長に提出され、子ども議会が出した法律案をもとに実際の法律になったこともある。

「地方自治体レベルにおいても、例えばパリ20区では１９９５年以来、区内の公立・私立小学校４、５年生および中学１、２年生からなる「子ども区議会」が月に一度開催されている。区にかかわる問題が話し合われ、それが区議会に影響を与えたこともある」
（大津尚志「フランスにおける生徒・父母参加の制度と実態」２０１２年）

大学の学生自治

これまでは主に、小中学校や高校での「学校内民主主義」の話をしてきたが、ヨーロッパでは、学校はもちろん、大学でも、民主主義の実践が行われている。特に北欧の取り組みが進んでおり、ここでは実際に視察に訪れたスウェーデン・ストックホルム大学（ＳＵ）の学生組合の事例を取り上げたい。

　ストックホルム大学は、スウェーデン最大規模の大学であり、学生組合もスウェーデンで最大となっている。ストックホルム大学学生組合（ＳＵＳ）は、ストックホルム大学の学生を代表し、ストックホルム大学や他の組織（政府等）とのやり取り、大学内にある施設運営（カフェやパブ、スポーツ施設等）などを行っている。
スウェーデン高等教育評議員会によると、「学生組合は学生にとって重要な問題について学生に代わって活動する独立した組織」と定義されており、学生への影響、平等、教育の質、学生寮等の事項を扱っている。

ＳＵＳに加盟している学生は、年会費が有料ながら、約１万人いる。
ストックホルム大学の学生数は約３万人のため、３人に１人はＳＵＳに加盟していることになる。年会費はまとめて払うか否かなどによって多少異なるが、１学期でおよそ１６２５円となっている。ＳＵＳに加盟するメリットとしては、会員限定の施設利用や教科書などの割引、キャリア支援、学生寮への優先的な入居などがある。

こうした直接的なメリットは、日本の大学にある大学生協に近い。
ただ、ＳＵＳはそれにとどまらない。ストックホルム大学の方針などを決定する理事会に席を持っており、学生の考えを大学の意思決定に反映させている。それもＳＵＳに限らず、他の大学でも同様に、学生が大学の意思決定に参加している。

その根拠となっているのが、「大学法」（University Act、１９９２）、「高等教育法」

(Higher Education Act、１９９３）の存在だ。その中で、学生は大学教育に影響を与える権利を持っていることを定め、大学に対して、大学の意思決定に学生を加えることを義務付けている。

ＳＵＳでは、講義に関して学生にアンケートを行い、改善点を大学側に伝えたり、学生のメンタルヘルスをケアするために、テストが終わってすぐに、次の課題に移るのではなく、休みを入れるなどの要求を行っている。

最近では、物価高騰によって生活が厳しくなっていることから、教材費が高いことを指摘し、ストックホルム大学の教授が書いた教材の一部をデジタルで無償で提供することが決まったという（後述するが、政府に対して奨学金の引き上げなども要求している）。

このように大きな影響力を与えられている学生組合のガバナンスはどうなっているのか。ここにも民主主義の実践が見られる。まず、学生だけで構成される評議員会（The collective assembly=FUM）が存在し、35議席存在する。

その議席は、学生で構成された各政治団体が毎年選挙で争う。そして、評議員会で学生組合の役員を選出し、学生組合の代表と副代表が学生代表として、大学の理事会に参加する。選挙権は、学生組合の会員に与えられる。政治団体は、最低15人から構成される。

各政治団体は学生の声を聞き、改善策（公約のようなもの）を掲げる。日本の大学に馴染《なじ》みのない取り組みで、一見イメージするのがやや難しいが、国会や地方議会と同様に、選挙で議席を争い、得票数に従って、議席が割り当てられる。その後、多数派になった複数の政党から役員（首相や大臣）が選出される形を想像してもらえればわかりやすいのではないだろうか（つまり各大学内で議会と同様の民主的な取り組みが実践されている）。

評議員会では、予算、組織など3年間の計画を決め、特に優先度の高い今年のアドボカシーテーマも決める。

ちなみに現在の重点的なアドボカシーテーマは下記だという。

・Sustainability in education（キャンパス内の気候変動対策など）
・Safer student finances（家賃、食料などの負担が大きく、奨学金の額を上げるように政府やメディアに訴えている）
・Equal treatment of students（学生の平等な扱い）
・Develop the work for student’s health（同世代に比べて、学生のメンタルヘルスが良くない。勉強のストレス、アルバイト、一人暮らしになって友達が少ないなど）

いわば学生組合は、この計画の実行部隊であり、学生組合からも議会に提案するが、決定は年に4回開催される評議員会で行われる。

その上で、7人（代替メンバー7人も含めると計14人）で構成される学生組合役員会によって年間の具体的な活動計画が決められる。月に1回会合があり、学生組合の中心的役割を担う。また、学部ごとに学生委員会が存在し、そこで学部のカリキュラムや勉強する環境、教材の値段、合格の基準などに関する意見をまとめて学生組合に伝えている。

これは博士課程でも同様の構造になっている。

このように、学生組合と言っても、活動の規模・質的には、労働組合などと変わらない。そのため、学生組合の役員（学生）は給料をもらって活動しており、専属のフルタイムスタッフ（学生ではない）も存在する。インタビュー時点では、17人のフルタイムスタッフが、オフィスの運営やファイナンス、広報、アドボカシーのサポートなどを行っている（学生の役員は選挙ごとに変わるが、常勤スタッフはずっと在籍している）。

こうした人件費はどこから出ているのか。

もちろん学生からの会費もあるが、多くが大学の補助金と政府からの補助金で成り立って

図表５－１　SUSの収入の内訳

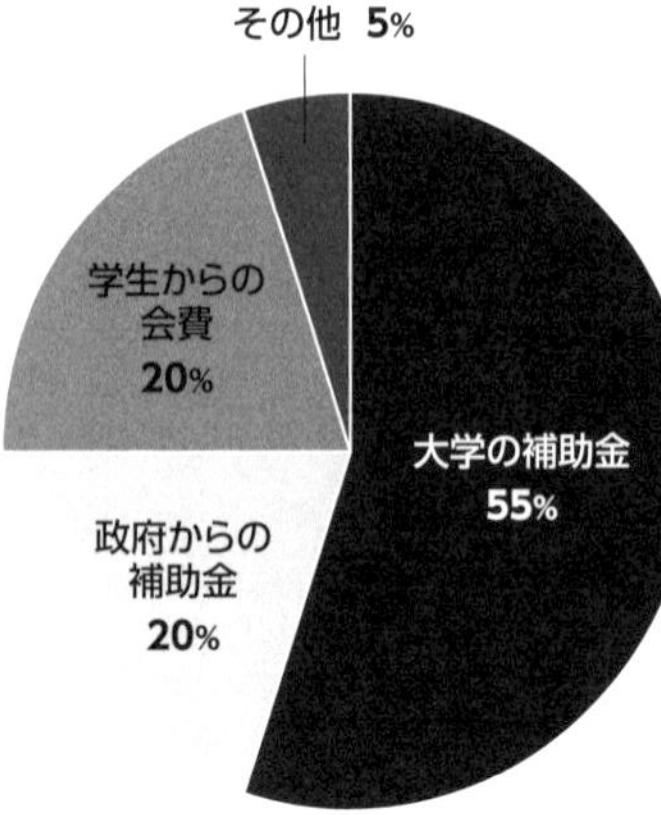

インタビュー内容をもとに筆者作成

いる。予算規模は、なんと１８００万スウェーデンクローナ（約２億３４００万円）で、半分以上（５５％）は大学から補助金が出ている（**図表５－１**）。

ちなみに筆者の出身大学、慶應義塾大学は、塾生代表を選挙で選ぶなど、日本で比較的自治的な取り組みを行っている大学だが、その運営を行っている全塾協議会の予算規模は、全学部生から徴収している（年間一人あたり７５０円）、総額２２００万円程度だ。

いかに規模が異なるかがよくわかるだろう。

学生組合が入っている学生用の建物自体、非常に大きいが、学生組合のオフィスの中には、個人のオフィスルームや会議室などが充実している。

学生組合の活動は、大学内にとどまらない。大学だけで解決できないことは、他の大学の学生組合とも連携しながら（全国学生組合連盟＝ＳＦＳという、全国規模の学生組合も存在する）、国（政府）やメディアに働きかけている。例えば最近だと、住宅の問題や食料費の高騰などに対して訴えている。インタビューのちょうど2週間前に、高等教育大臣に会って、現状の奨学金（大学の授業料は無償なので、生活費のために奨学金を借りている／支給されている）だけでは足りないので、インフレ以上に、もっと上げてほしいという話をしたという。

このように、学生に大きな権限が与えられているスウェーデンの大学。なぜ「大学法」（University Act）のようなものが作られたのか？

ＳＵＳ代表のサイモンさんは、スウェーデンには、対話を大事にする文化（The Swedish Way）があるという。

「スウェーデンでは、伝統的に、労働組合が強く、労働者が経営者と交渉して決めてきた。対立が生じた時に、常に対話を重視し、一緒に解決してきた、Ｔｈｅ Ｓｗｅｄｉｓｈ Ｗａｙという考え方がある。１９７０年代、１９８０年代から、学生が（大学に）影響を与えるべきという考えが広まってきたが、高校などでも、授業に対して生徒が影響力を持つべきという考えがある。

また、みんなが平等というのをスウェーデンはずっと力を入れてきた。女性に子どもができても、仕事を辞めたりしないで済むように、保育園の整備など、あらゆる機会を提供している。世界で一番最初に体罰を禁止したりと（１９７９年）、子どもの権利も大事にしている。発言権が大人にも子どもにも対等に与えられるべきという考えが強く、子どもや若者の意見を聞く文化ができている。

大学の質が高いところは、学生の意見を聞いたり、そうした民主的なガバナンスがきちんとできていると言われている」

また、日本でどうすれば大学自治を実現できるか？　という問いに対しては、こう答えた。

「自分たちは法律があるから動きやすい。学生の影響力を保障する法律を作ることが重要。そのためのアドボカシーをした方がよい」

なぜＳＵＳのような組織が必要なのか？

「３万人の学生が個別に意見を言うと、受け取る側も大変。代表的組織がまとめることで、適切にコミュニケーションができる」

同様の仕組みは北欧の大学で法的に整備されており、例えばノルウェーでは、法律で、教育機関は学校内民主主義を実現することが義務化されており、教育機関で物事の決定がされる場、理事会などではジェンダーバランスを保ち、参加者のうち20%は学生でなければいけない。このように、学校でも単に教えられるだけでなく、同じコミュニティに所属する一員として、一緒に物事を決めている。こうした機会があらゆる場所で提供されており、いかに民主主義が浸透しているかがよくわかるだろう。

大学内にも選挙小屋が設置され、政治家もキャンパス内に入り、学生と対話する。（著者撮影）

Talk toからTalk withへ。

選挙小屋の取り組み

日本ではほとんど毎年、大きな選挙が実施されているが、各政党や候補者の話を直接聞いて、投票先を選ぶ人はどのくらいいるだろうか。政治家や選挙の立候補者と有権者の距離が遠く、直接「対話」する機会はほとんどない。

一方、北欧では、選挙前の約一カ月間、「選挙小屋」で全ての政党に話を聞くことができる。選挙小屋とは、

スウェーデンの選挙小屋で、中学生と思われる生徒が環境党・緑の党の党首に質問していた。（筆者撮影）

選挙前に各党が駅前の広場などに出すテントのようなものだ。そこで各党のボランティアがコーヒーやバナナなどを配りながら、国民に政策などを説明したり、質問に答える。

　このように、身近に政治家に直接質問できる場所があることで、テレビで取り上げられないような、自分に直接関係のある、特に関心の強い分野について質問することができる。

　2022年9月にスウェーデンに視察に訪れた際、スウェーデンの中学校で、「政治家に会ったことがある人はいますか？」と聞いたところ、クラスの全員が手を挙げた。しかも、1週間前に選挙小屋に行った時に文部大臣と会ったというようなエピソードがたくさん出てくる。筆者は1週間ほどしかスウェーデンにいなかったが、その選挙小屋でほとんど全党の党首に会うなど、党の幹部も時間がある時に訪れる。

そこに、中学生や高校生も訪れ、学校選挙（本物の政党を投票先にした模擬投票）の投票先を選ぶヒントにする。また学校の宿題として、各党に同じ質問をぶつけ、各政党の特徴をまとめたりもしている。

民主主義ユースフェスティバル 2023 の様子。

逆に、政治家が学校を訪れることも珍しくない。筆者が訪れた高校では、小さい体育館のようなスペースに、各政党がブースを設置し、各党のユース党員がパンフレットや飲み物、コンドームなどを配りながら、生徒からの質問に答えていた（順番にスピーチをしたりもする）。別の学校では、文化祭のように、校庭に各政党のブースが並んだりもする。

若者と政治家との距離感の近さが、スウェーデンの若者の投票率が高い理由だと話す中学生もいた。

「政治家は離れた存在ではなく、みんなの間にいる存在で、信頼しているから投票しようと思う」

「政治家は、首相にしても、自分たちの代表だと思っている」

選ぶ人と選ばれる人が分断されておらず、政治家も意識的に、普通の人だと思ってもらえるために、テレビに出たりしているという。

ちなみに党幹部以外でスーツを着ている政治家は基本的にいない。こうした信頼感があるからこそ、税金を払うことに大きな抵抗感がなく、積極的に政治にも参加している。

同様に、フィンランドで各政党のユース党の幹部と意見交換した際、どうしたらもっと若者が政治に参加するようになると思うか質問すると、あるメンバーは、「talk to（話しかける）ではなく、talk with（話し合う）」が大事と回答した。

日本では、テレビや街頭で、一方的な演説を見ることはあっても、双方向のやり取りはほとんどない。その状況で、各政治家の考えを深く知ることは難しい。同様に、政治家も国民の考えを深く知ることも難しい。

やはり、日本でも選挙小屋のような取り組みが必要だと確信したため、日本若者協議会が中心となって、２０２３年３月、統一地方選挙の直前に、日本で初めての選挙小屋を含む「民主主義ユースフェスティバル２０２３」を東京の下北沢で開催した。全主要政党の選挙小屋や若者団体のブース、パネルディスカッション、音楽ライブなどが行われ、日本の社会課題や政治についてみんなで一緒に考えるお祭りだ。企画当初は、2日間で計700名の参加を見込んでいたが、蓋を開けたら、2日間とも大雨だったにもかかわらず、延べ3400名の方々に参加してもらい、大盛況となった。規制も厳しく、政治的なイベントは行政や企業の協力も得づらいため、こうした取り組みを行うハードルは高いが、日本でもこうした場が求められているのだろう。2024年3月にはさらに大規模に開催する予定となっている。

選挙は楽しい

日本の選挙はルールが厳しく、「楽しい」雰囲気はないことは第四章で書いた通りだ。

一方、他の先進国は原則自由であり、楽しい。飲食物の提供も自由なため、「お祭り」のように、楽しみながら国の課題についてみんなで話し合う一大イベントとなっている。フィンランドやアイスランドなどでは、選挙当日はケーキを食べる風習もある。さらに、選挙開票を待つ間、日本では厳粛《げんしゅく》な顔をした政治家が結果を待っているが、スウェーデンでは立食パーティをする中、音楽ライブが始まった。あまりにも日本と違うため驚いたが、選挙キャンペーンを頑張ってきたことを政治家、党員同士で労《ねぎら》うのだという。

こうした明るい雰囲気の中、選挙が開催されるのは欧米諸国だけではない。韓国や台湾の選挙も楽しい。韓国では、音楽ライブのように、大音量の音楽を流し、ダンサーが踊る。候補者の名前を入れた替え歌とともに、候補者が大衆に訴えかける。同じく台湾の選挙も「お祭り」のようになっている。ヨーロッパの選挙小屋のように、選挙集会には焼き鳥や肉まんの屋台が並び、候補者関連のグッズも販売される。その横では、人形劇が上演されたり、神輿《みこし》のようなものが練り歩く。そしてまるでアーティストかのように、音楽ライブやダンスの後に、候補者がステージに上がり、演説を行う。

筆者が２０２４年１月13日に行われた台湾総統選挙に合わせて視察に訪れた際には、集会に10万人もの人々が集まり、それが連日様々な場所で開かれていた。投開票日前日に、若者の人気を集める民衆党の集会を訪れると、若者のカップルや小さい子どもを連れた家族がコールをしながら、政党を応援していた。その合間には、セルフィーで写真を撮り、デートのようであった。この集会には35万人が集まり、台湾選挙の熱狂ぶりを肌で感じた。

こうした様子と比べると、日本の選挙はあまりに真面目で、堅すぎる。候補者とのやり取りも一方通行で、選挙のルールも厳しく、つまらない。本来、気軽に社会の未来、つまり自分たちの将来について話すことは楽しい。もっと楽しい雰囲気で、これからの社会について話せるようになると、日本も大きく変わっていくと思う。

選挙小屋ではポップコーンやクレープ、ソーセージなども無料で提供される。（筆者撮影）

政治家がパンやコーヒーを配り、お祭りのようだ。フィンランド・選挙小屋にて。（筆者撮影）

スウェーデン、緑の党の開票速報会場。（筆者撮影）

台湾総統選挙の民衆党の集会。（筆者撮影）

第六章

社会を変えるための「武器」を渡そう

これまで日本の課題を多く見てきたが、ここ数年、少しずつ変わりつつある。その背景にあるのが、市民運動であり、若者の動きである。これを本物の社会変革につなげていくためには、その動きをもっと大規模なものにしていく必要がある。そのために必要なグランドデザインを示そう。

子どもの権利保障を定めたこども基本法

２０２２年６月15日、２０２２年の通常国会（第２０８回国会）最終日、筆者は参議院にいた。子どもの権利保障を定めた、こども基本法の成立を見届けるためである。１９８９年に国連総会で「子どもの権利条約」が採択され、日本は１９９４年に批准した。しかし、その後、国連から法整備をするよう勧告を受けながらも、子どもの権利について包括的に定めた法律が国内で整備されてこなかった。その結果、いまだに子どもの権利について理解が乏しく、実践も広がっていないことはこれまで書いてきた通りである。筆者が代表理事を務める日本若者協議会は、このこども基本法を成立させようと、他の市民団体や有識者とキャンペーンチームを組み、与野党の国会議員や政府に対して働きかけてきた。その過程では、反対の声が根強く上がるなど、「やっぱり成立は難しいかも」という出来事が何度も起こったが、無事に、成立することになった。子どもの権利条約の批准から、28年越しの待ちに待った法律となった。

こども基本法では、子どもの権利条約と同じように、子どもが権利の主体として認められ、「生命、生存及び発達に対する権利」「児童の最善の利益」「児童の意見の尊重」「差別の禁止」の4つの一般原則を定めている。例えばこれまで、理不尽な校則、いわゆる「ブラック校則」を変えようと、児童生徒が声を上げても、十分に尊重されず、その後声を上げることを諦めてしまう子どもが大勢いたが、こども基本法の施行後は、「自己に直接関係する全ての事項に関して意見を表明する機会」を確保されることが求められるようになる。政策決定過程では、子どもに直接影響を与える施策を策定する際は、子ども・若者の声を聞くことが政府、地方自治体に義務付けられた（第十一条）。

日本政府はこれまで、「子どもの権利」は、紛争などで学校に行けない、路上で生活したりする子が多い発展途上国の問題で、日本では十分に守られているというスタンスを取ってきた。そもそも、日本が子どもの権利条約を批准したのは1994年で、世界で158番目と遅い対応だ。今回のこども基本法の成立過程でも、「子どもに権利を教えたら、学校は大変なことになる」「子どもがわがままになる」などと懸念の声が与党の保守系議員などから出された。

しかし、子どもの権利が守られていないからこそ、日本では子どもをめぐる環境が深刻化しているのが実態である。２０２２年度、自殺した児童や生徒は初めて５００人を超え、小中学生の不登校は29万人以上と、いずれも過去最多になっている。さらに、２０２０年にユニセフが実施した調査によると、日本の「子どもの幸福度」は、38カ国中、身体的健康は１位（子どもの死亡率、過体重・肥満の子どもの割合）にもかかわらず、精神的幸福度は37位（生活満足度が高い子どもの割合、自殺率）となっている。

こうした実態は、子どもの個性を尊重しない、画一的な義務教育に対する子どもの悲鳴であり、息苦しさを表していると言えよう。みんなが同じペースで同じことを学ぶのではなく、子ども主体のカリキュラムに変更するなど、子どもの権利を軸に教育体制を見直す必要がある。

さらに、児童虐待の相談対応件数も21万件超と過去最多となっている。その対応でも、大人の視点が優先されることは珍しくない。例えば、２０１９年１月24日に千葉県野田市で発生した、小４（10歳）女児が両親より継続的な虐待を受け、自宅浴室で死亡した野田小４女児虐待事件では、教育関係者が父親からの虐待を訴える子どもの書いたアンケートを父親に見せてしまったように、児童相談所や学校の先生が親の意向を優先してしまい、子どもの生命を危険に晒《さら》し、子ども自身が守られないケースは多くある。こうした事態を改善し、子ども真ん中の社会を作るために、こども基本法は重要な法律である。

ただ、こども基本法は２０２３年４月に施行されたものの、社会への浸透度は十分ではない。２０２３年３月、日本財団が実施した「こども１万人意識調査」によると、こども基本法について60％以上が「聞いたことがない」と回答しており、学校現場で教えるなど、教育内容の見直しが欠かせない。

そして何より、大人がこれまでの認識を大きく変える必要がある。これまで日本社会では、子どもは保護の対象とのみ捉えられ、十分に意思を尊重されてこなかった。この、パターナリスティック（本人の利益のために、大人などの権力者が代わりに決めること）な考え方を改め、子どもを権利の主体と捉えることが重要になる。

これまでの「子ども像」は、子どもは「弱者」であり「未熟」だから、保護対象であり、支援対象となっていた。もちろん子どもは成長過程であり、その側面もあるが、同時に、社会の一員であり、自分の意思で行動する個人でもある。そのため、何でも大人が決めるのではなく、子どもの自己決定権や意見表明権を尊重し、委ねることが、大人には求められる。

そうして主体的に社会と関わることで、現状日本が低い結果となっている、社会参加の意欲向上、自己肯定感の向上などにもつながるのである。

12年ぶりに改訂した生徒指導提要

２０２２年12月、教員向けの生徒指導に関するガイドブックにあたる「生徒指導提要」(平成22年３月作成)が12年ぶりに改訂された。日本若者協議会では、この「生徒指導提要」に、子どもの権利や、校則を見直す際に生徒の意見を尊重すること、校則をホームページで公開することなどを明記してもらおうと、現役の生徒会長や教員、元校長、弁護士、有識者らで構成される「校則見直しガイドライン作成検討会議」を設置し、４カ月かけてガイドライン案を作成。それを、文科省「生徒指導提要の改訂に関する協力者会議」で、参考資料として配布してもらうなど、働きかけてきた。

そして改訂版は以前より大幅に改善されており、期待以上と言っても過言ではない。今回、まず注目したいのが、子どもの権利について明確に触れられている点だ。

平成22年３月作成の「生徒指導提要」では、子どもの権利についてほとんど触れられていなかったが、今回は、「児童の権利に関する条約」の理解は、教職員、児童生徒、保護者、地域にとって必須だとした上で、いわゆる４つの一般原則（差別の禁止、児童の最善の利益、生命・生存・発達に対する権利、意見を表明する権利）を明確に記載した。

「校則の運用・見直し」の箇所では、上記の「児童の権利の理解」にも触れた上で、見直し方法に関して大幅に加筆されている。具体的には、校則の内容をホームページに公開すること、校則を見直す際は、児童生徒や保護者等の意見を聞くこと、校則見直しの変更プロセスを明示化することが「望ましい」とされている。さらに、新たに、「児童生徒の参画」という項目が加えられ、その意義が記載された。

> ⑷児童生徒の参画
> 校則の見直しの過程に児童生徒自身が参画することは、校則の意義を理解し、自ら校則を守ろうとする意識の醸成につながります。また、校則を見直す際に児童生徒が主体的に参加し意見表明することは、学校のルールを無批判に受け入れるのではなく、自身がその根拠や影響を考え、身近な課題を自ら解決するといった教育的意義を有するものとなります。

（「生徒指導提要改訂版」令和４年12月）

これまで度々、「学校内民主主義」の重要性や意義を語り、文部科学省にも提言してきたが、教師用の生徒指導に関するガイドブックにあたる「生徒指導提要」に記載される方向となった。

ただ課題がないわけではない。一番の課題は、この「生徒指導提要」改訂版に記載されている内容がどこまで現場に理解され、落とし込まれるかだ。「児童の権利に関する条約」の理解は、教職員、児童生徒、保護者、地域にとって必須だと、今回明確に記載されたが、現状の日本社会において、「児童の権利に関する条約」が理解されているかというと、正直厳しいと言わざるを得ない。

現に、明らかに人権侵害であるブラック校則が、これだけ話題になっても全て解消されていない。今後は、教職課程において「子どもの権利条約」を学ぶだけでなく、学校の授業で取り扱う、生徒手帳等に憲法と子どもの権利条約を明記するなど、学校現場で学ぶ機会を作る必要もある。

「こども基本法」、「生徒指導提要改訂」と、着実に子どもの権利に関する社会的認識は変わりつつある。ガイドラインや法律だけで、実態は空洞化しないよう、現場でどう浸透させるかが次の大きな課題だ。

徐々に変わりつつある若者の動き

これまで日本では、若者の政治参加＝投票のみと捉えられ、あるいは他にあってもデモぐらいであった。しかし、選挙権や被選挙権年齢など、若者には制約が多く、人口も少ない。しかも、公約や候補者が決められるのは選挙の前であり、法案は選挙と選挙の間で議論される。経団連や医師会のような業界団体は普段から、政治家や行政とコミュニケーションを取り、政策議論に意見を反映させてきた。他方、若者にはそうした「利益団体」は存在しない。そのため日本若者協議会では、２０１５年の設立当時から、これまで多かった投票の啓発活動は一切行わずに、政策決定過程に若者の声を届けることに重点を置いた。それから約８年が経ち、若者団体の活動内容も大きく変わった。自民党の議員曰《いわ》く、自民党内の部会（政策立案・決定のための会議体）に、高校生が出席したのは２０１５年の「成年年齢に関する特命委員会」（日本若者協議会から約30名の高校生・大学生が出席）が初めてだったそうだが、最近ではその機会も増え、高校生や大学生が政治家や官僚と意見交換することは珍しくなくなっている。２０２０年には、文科省として初めて高校生が有識者会議（「大学入試のあり方に関する検討会議」）に出席し、当事者の立場から大学入試改革について意見を述べた。その後、筆者が委員として参加していた文科省「高等教育の修学支援新制度の在り方検討会議」でも、日本若者協議会の大学生らがヒアリングに参加している。

他にも、オンライン署名を活用したキャンペーンなど、様々な動きが生まれている。特にこれまでの世代と違うと感じるのは、イデオロギーをもとに運動しているのではなく、あくまで課題解決のために運動している点だ。そのため、特定の政党支持があっても、与党・野党問わず、様々な政治家と会い、解決に向けたアクションを求めている。

選挙に向けた活動も変わりつつある。これまでは、中立性を気にして、選挙直前に「投票に行こう」と呼びかけるキャンペーンが多く見られたが、「○○を当選させよう」と、特定の候補者に投票を呼びかけるキャンペーンは少なかった。それどころか、誰々に投票して、と言われることに対して嫌悪感さえあった。特定の政党を支持していることを表明することに抵抗感を覚える人も多いだろう。

しかしこのレベルまで政治参加する人が増えないと、これまで見過ごされてきた課題が解消されることは難しい。多様な人々の代表が議会にいなければ、多様な意見が反映されにくいからだ。似たような属性ばかりがいれば、特定方向の課題ばかりが優先される。前述の通り、日本若者協議会では、「投票に行こう」という呼びかけは基本的に行っていない。これまでの若者の政治参加＝投票の啓発、というイメージを変えたかったからだ。ただ、政策提言という活動自体が徐々に広がりを見せ、若者の政治参加のレベルをもう一段階上げる必要性を感じていたため、２０２３年４月に実施された統一地方選挙に向けて、「若者立候補育成プロジェクト２０３０」を開始した。

「若者立候補育成プロジェクト２０３０」とは、将来視点で行動する〝若者のミカタ議員〟を２０３０年までに日本全国で４０００人（30歳代以下が人口に占める割合と議会に占める割合が同じになった時の人数）誕生させるというもので、政治家を目指す若者に対する政治塾や、若者のミカタ議員として当選を目指す立候補者への支援を行うものだ。

２０２２年10月から開始した政治塾では、中学生をはじめ、45名の若者が集まり、少し先輩の若手の国会議員や地方議員から、選挙のノウハウや政策の作り方などを学び、参加者同士で議論を行った。

統一地方選では、「ジェンダーギャップの解消」や「学校内民主主義の促進」「学校給食費の無償化」「市民参加型予算」など5項目について、政策協定を結んだ30歳代以下の候補者を、若者のミカタ立候補として応援した。結果的に、59名が立候補し、48名が当選している。

当選後は、オンライン上でコミュニティを作りながら、月1回、懇親会や勉強会などを開きながら、ともに若者政策の実現を目指そうとしている。

また、政治のジェンダーギャップ解消を目指す「FIFTYS PROJECT」がNO YOUTH NO JAPAN代表の能條桃子さんを中心に同時期に立ち上がるなど、若者や女性の代表を議会に送り込もうとする動きが、若者から始まりつつある。

今後、単に投票するだけでなく、候補者を支援し、周りに投票を呼びかける動きが本格的に広がれば、間違いなく、議会の構成は大きく変わる。そこから出てくる政策も変わるであろう。現状、日本の主権者教育では、投票の仕方を教える「投票教育」になっているが、これでは十分に主権者意識は育たない。なぜなら、単に投票するだけでは、〝お客様〟のようにレビュー（批評）するだけになってしまうからだ。そうではなく、チーム（コミュニティ）の一員として、候補者を擁立し、支え、どうしたら周りから支持を得られるのかを一緒に考える。仲間を広げるために、対話の量を増やす。当選した後は、政策を実現するために一緒に考え、後押しをする。そうした取り組みを国民一人ひとりが実施することで、民主主義国家として成熟していくのではないだろうか。漠然と「投票率」を上げようとするのではなく、自分たちの代表を議会に送り込む。そうした動きが若い世代から生まれつつある。

投票率が8ポイントアップ！　地方に変化の兆し

前述のように、全体的に低投票率となった、２０２３年４月の統一地方選挙。４月９日に投開票が行われた、統一地方選前半戦の９道府県知事選の投票率は、統一選として過去最低だった２０１５年の47・１４％を０・３６ポイント下回り、46・７８％となった。41道府県議選は41・８５％。過去最も低かった前回２０１９年の44・０２％から２・１７ポイント落ち込んだ。

４月23日の後半戦も、55の町村長選挙の平均投票率は60・７９％とこれまでで最も低かった前回２０１９年を４・３２ポイント下回ったほか、２８０の市議会議員選挙が44・２６％、２５０の町村議会議員選挙が55・４９％と、いずれも過去最低となっている。全体的な底上げをするためには、抜本的に主権者教育（民主主義教育）を強化する必要性があることはこれまで書いた通りだ。

一方、部分的に見ると、大きな変化の兆しが生まれつつある。今回の統一地方選挙では、東京・杉並区や武蔵野市などの議会で、過半数を女性議員が占めるなど、女性議員の当選者が増えたことは広く報道されている通りである（地方議会の女性当選者の割合が過去最高の約20％に）。杉並区では、自民党が改選前の16議席を9議席に減らし、新人候補者の当選率は前回の43％から65％に上昇した。

その背景にあるのは、大幅な投票率の増加である。杉並区の投票率は43・66％。前回と比べて4・19ポイント上昇し、人数で見れば、約2万票が増えている。

東京新聞の取材によると、その約2万票は、新人候補者などの非自民候補に流れた可能性が高いという。

落選した自民現職は「合同街宣はリベラル系の区民の目に留まりやすく、自民はそういう働き掛けができなかった。2万票は相手にすべていったと思う」と分析した。

（東京新聞2023年4月28日）

さらに属性別に見ると、30歳代女性の投票率は、なんと8・64ポイントも上がっている。同じく女性議員が過半数を占めた武蔵野市でも4・23ポイント、投票率が上昇。これも女性議員の増加を後押しした可能性が高い。

自民党候補者19人中、会派幹事長ら現職5人を含む7人が落選した東京・足立区（5月21

図表6－1　練馬区議選の世代別投票率（2019年、2023年）

東京練馬区議選	2023年		2019年		前回との差	
	投票者数	投票率(%)	投票者数	投票率(%)	投票者数	投票率(ポイント)
10歳代	4,378	36.68	4,568	36.18	△190	0.5
20歳代	21,526	25.80	18,222	22.35	**3,304**	**3.45**
30歳代	34,239	36.89	31,186	32.61	**3,053**	**4.28**
40歳代	44,548	42.83	44,945	39.89	△397	**2.94**
50歳代	51,311	46.82	45,135	45.56	**6,176**	1.26
60歳代	39,961	53.62	39,318	54.04	643	△0.42
70歳代	39,039	57.63	40,804	59.99	△1,765	△2.36
80歳代以上	25,816	43.24	24,039	44.83	1,777	△1.59
計	260,818	43.20	248,217	41.65	12,601	1.55

出典：練馬区選挙管理委員会のデータから筆者作成

日投開票）では、投票率こそ増えていないものの（42・79％で、前回から0・1ポイント減）、自民、立憲、公明、共産の既成政党が軒並み得票数を減らし、変革を期待する国民の声が聞こえてくる。

もう一つ興味深いのが、東京・練馬区だ。練馬区議選では、毎回全員当選している公明党の候補者11人中4人が落選。落選した4人の候補者の得票数は、いずれも当選ラインから50票差程度に収まっており、当選ラインが上がったことがその大きな要因となっている。投票率は、前回から1・55ポイント増加。人数にして、約1・2万人増えている（**図表6-1**）。興味深いのは、その内訳だ。年代別投票率、投票者数を調べると、若い世代が大幅に上昇している。

最も投票率が上がったのは、30歳代。前回から4・28ポイントも上昇している。次に20歳代で、3・45ポイントの上昇。その次も40歳代と、若い世代が投票率を伸ばしている。有権者数の変化から、40歳代の投票者数は前回よりも減っているものの、全体の増加分（約1・2万人）のうち、約半数（約6000人）を20歳代〜30歳代が占める結果となっている。この若い世代の投票率上昇、投票者数の増加が、選挙結果に大きな変化をもたらしたことは間違いなさそうだ。

それも、練馬区でも自民党の現職が何人も落選している状況を見ると、既成政党ではなく、新しい政党や、女性、若者といった、新しい属性に流れている可能性が高い。他の自治体の年代別投票率は調査できていないが、もしかしたら同様の傾向にあるかもしれない。しかも、練馬区では、今回の区議選に限らず、2022年4月17日に行われた練馬区長選挙でも、若い世代の投票率が上昇している。

練馬区長選の全体の投票率は31・95％、過去最低だった4年前（31・38％）とほぼ変わらない結果になっているが、年代別で見ると、20歳代は1・81ポイント上昇、30歳代も1・67ポイント上昇している。区長選は、自民、公明、国民民主、都民ファーストの会が推薦した現職が再選したものの、票差はわずか約２０００票と、接戦となっていた。

他にも、２０２３年10月に投開票された埼玉県所沢市長選では、前回から６・８１ポイント投票率が上がったが、30歳代の投票率が突出して上がり、約10ポイントも増えている。結果は、自民・公明が推薦する現職を破って、子育て支援策の拡充を訴えた新人が初当選しており、現状への不満が高まっている様子が窺える。

これまで、若者の人口が少ないことから、「若者が投票に行っても意味がない」と言われてきた。しかし、今回の統一地方選挙や最近の選挙では、「若者が投票に行ったら選挙結果が変わる」ことが明らかになった。しかも、既成政党ではなく、新しい政党や、女性、若者といった、現状の議会にほとんどいない、新しい属性に流れている可能性が高い。

そこにあるのは、コロナ禍や物価高による生活状況の悪化、少子化対策（子育て政策）や労働政策（賃上げの低さ）、ジェンダー政策などへの期待の低さ、将来の見通しの悪さによる、既成政党、政治家への不満の高まりであろう。

一方、新しい女性首長を選んだ東京都品川区（森澤恭子区長）や杉並区（岸本聡子区長）では、すぐに小中学校の給食費の無償化が実現するなど、「新しい選択」が生活に大きな変化をもたらしつつある。

日本若者協議会が目指しているもの

２０１５年、日本若者協議会を設立したのは、若者の声が政策に反映されていないという問題意識からだ。若者が政策の意思決定過程に参加できていないことで、現役世代が軽視されたりして、将来に向けた投資が少なくなる。実際、少子化の問題は１９７０年代には認識されていたし、ジョブ型雇用（業務範囲や責任範囲を明確に定義して雇用される。年功序列賃金ではなく職務や能力に応じて給与が決まる）の必要性は１９６０年代には謳《うた》われていた。

これを変えるために、海外の「若者協議会」をモデルに、当時４名ほどの若者で日本若者協議会を設立した。「若者協議会」とは、ヨーロッパのほぼ全ての国に設置されている仕組みで、若者の意見を集約する機能を持った全国組織である。ヨーロッパでは若者に直接影響を及ぼす政策を策定する時には、若者の声を聞くことが義務付けられており、そのカウンターパートとして若者協議会から意見を募る。

スウェーデンでは、若者に影響を及ぼす政策を実施する際は、若者の声を聞くことを義務付けた「若者政策法」（１９９４年に成立）が存在し、「全国若者団体協議会（ＬＳＵ）」が全国の若者団体から意見を集約し、政府にロビイングを行う（**図表６‐２**）。ＬＳＵの加盟

図表6－2　LSUの概要

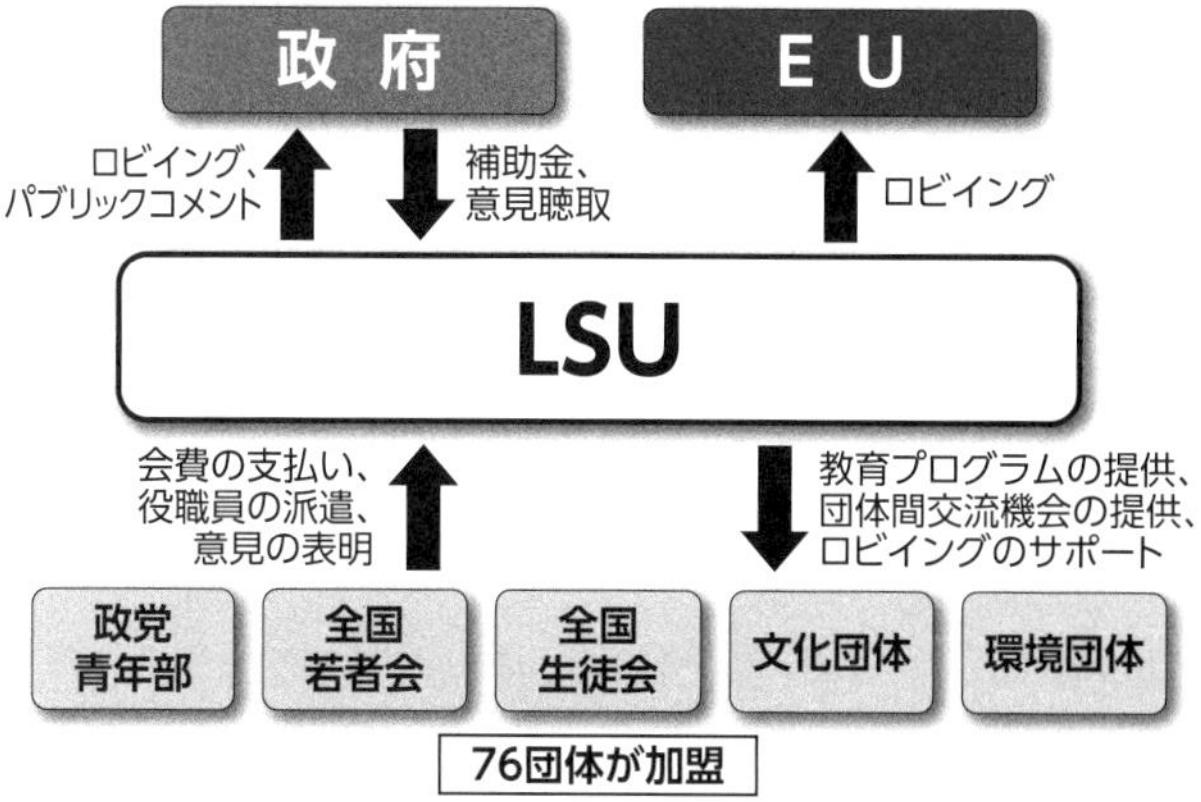

出典：小林庸平「スウェーデンの実例から見る日本の若者政策・若者参画政策の現状と課題」
（『季刊 政策・経営研究 2010 vol.3』）

団体は76と、団体登録数だけを見れば、日本若者協議会（75団体）とあまり変わらないが、ＬＳＵに加盟するには、25歳以下の若者が１万人以上いる必要があるなど、若者団体の規模が大きく異なる。

また若者協議会は、若者団体が加盟する全国組織となっているため、若者団体への研修や活動支援、政府からの助成金を配る役割も持っている。これが全国レベルだけでなく、各地域にも設置されており、それぞれの地域の意見集約も行う。

ドイツでは、「ドイツ連邦青少年連合（ＤＢＪＲ）」が全国の若者団体から意見を集約し、政府にロビイングを行う。国から予算が出ており、持続可能で十分な規模の活動ができるようになっている。筆者が２０１７年に視察に訪れたドイツ・ポツダム市にあるブランデンブルク州青少年連合では、スタッフが８人いて、州の青少年団体約30団体を束ねる。そして、州などが年間約１９０万ユーロ（約２・５億円）もの予算を支出し、そのうち約５３８０万円は青少年連合が使い、残り約２億円は会員団体に渡す。

このように、ヨーロッパでは若者の声を政策に反映させるための仕組みが若者政策として整備されている。

細かく分類すると、３つの機能が備わっている。

一つ目が、若者の声を聞くことを政府・自治体に義務付けること。二つ目が、各若者団体の活動を支援するための助成金や活動拠点（ユースセンター）の充実。三つ目が、若者団体の中間組織としての若者協議会の設立である。

筆者はこの３つの仕組みを、10年かけて日本で作れれば、継続して若者団体が活躍し、若者の声が政策に反映される基盤ができると考えた。

そして、一つ目の「若者の声を聞くことを政府・自治体に義務付けること」はこども基本法によって実現した。次に重要なのが、二つ目の若者団体に限定した助成金の創設、活動拠点（ユースセンター）の整備だ。三つ目の中間支援団体を作ろうとしても、各若者団体が学生の間だけボランティアで続ける現状のままでは、規模も大きくならず、すぐに活動停止となってしまう。そのためまずは、各若者団体が安定して活動を続けられるだけの基盤を作る必要がある。

そして若者団体への経済的支援に向けて政治家や官僚などへの働きかけを進めており、２０２３年12月に閣議決定された「こども大綱」（今後５年程度のこども政策の基本方針）には、「若者が主体となって活動する団体等の活動を促進する環境整備」という項目までは入れることに成功している。これが実現すれば、社会人になっても社会活動を続ける若者が増えることになり、日本社会に大きなインパクトをもたらすであろう。

アドボカシーの実践方法

どうしたら社会を変えられるのか。ヨーロッパを筆頭に諸外国では、デモやアドボカシー（政策提言と啓蒙活動）などの「社会の変え方」を学校で教えてもらい、幼少期から実践しているが、日本では具体的にその方法を教えてもらうことはできていない。学校でも上意下達、管理型の文化が根強く残っているため、民主主義を実践する機会も乏しい。そのため、多くの人が「社会の変え方」を知らず、政治に関わる前から諦めている。もちろん投票というツールは教えているが、選挙はあくまで参加の一つの手段であり、特に政権交代がほとんど起きない日本では、大きな成功体験を得ることは難しい。

それでは、どうしたら社会を変えられるのか。アドボカシーの実践例を一つ紹介しよう。

日本若者協議会ではこれまで、コロナ禍における学生給付金、大学院生への支援、生徒指導提要の改訂、こども基本法、部活動の強制加入撤廃、学校での生理休暇など、様々なテーマで政策実現に関わってきた。中でも、ここ１～２年注力してきたのが痴漢対策の強化だ。

いうまでもなく、痴漢は性犯罪である。トラウマで電車に乗れなくなるなど、被害者に深刻な影響を及ぼす。しかも、都心では被害経験のない女子高校生の方が珍しいぐらい、多くの女子生徒が被害に遭いながらも、長年軽視され続け、本格的な対策が取られてこなかった。

高校生や大学生などで構成される日本若者協議会ジェンダー政策委員会では、この長年続く性犯罪を本気でなくそうと、２０２１年８月から署名活動を始め、各政党、政府、東京都などに対して働きかけてきた。その結果、２０２３年３月30日に、政府として初めて網羅的に対策をまとめた「痴漢撲滅に向けた政策パッケージ」が公表された。この政策パッケージの中には、日本若者協議会が要望してきた10項目が全て盛り込まれている。

東京都では、２０２１年度末に改定された「東京都男女平等参画推進総合計画」に、痴漢対策に取り組む旨を明記。２０２３年1月18日からは、都営大江戸線に女性専用車両が導入された。２００５年に都営新宿線に導入されて以来、都営地下鉄に新たに女性専用車両が導入されたのは、18年ぶりだ。

東京都の２０２３年度予算には、５０００万円の痴漢撲滅プロジェクトが新しく入り、痴漢被害の実態調査や庁内プロジェクトチームの設置と民間事業者と連携したムーブメントの創出、痴漢撲滅キャンペーン等の展開が進められようとしている。

政府や自治体の取り組みは、計画・予算策定、施策実施と、実施に至るまでの工程が多く、どうしても時間がかかってしまうが、着実に計画がまとめられ、本格的な対策が進められようとしている。

なぜ政治家でもない、高校生や大学生がここまで社会を動かすことができたのか。それは、きちんとコツを踏まえた上で、戦略的に動いたからである。他のテーマでも提言が実現しているように、そこには再現性もある。

具体的には、次のような順番で動いている。

1. 団体内でテーマ選定

2. 専門家へのヒアリングや勉強会、専門書などを踏まえて提言作成
3. 署名立ち上げ
4. 政策の意思決定者（政治家や行政）に提言手交
5. 記者会見（世論喚起）
6. 進捗確認、党内の勉強会など

それぞれ詳細を説明しよう。ジェンダーと言っても様々な社会課題があるが、団体内で取り組むテーマを決める際に最も重視している点は、当事者性である。なぜ自分たちがこの問題に取り組む必要があるのか？　と言い換えてもよい。

今回であれば、痴漢の被害者の多くは制服を着た女子生徒であり、実際にメンバー本人や友人が被害に遭っていた。会議の中でこのテーマを取り上げた大学生のメンバーは、友人が痴漢被害に遭い、日本若者協議会に所属していることを知っていたことから、相談をもらったという。そして、高校時代に、クラスの半数以上が痴漢被害に遭っていたことを思い出し、政策的に解決できることがあるのではないかと、痴漢対策に取り組むことを提案。他のメンバーも共感し、この問題に取り組むことを決めた。

テーマ選定の際には、当事者性を最も重視するが、提言を作る際には、専門性も重視する。単に提言するだけでなく、実現を目指すためには、問題の背景や、現行制度の課題などを深く知る必要があるからだ。政治家や官僚よりも詳しい、あるいは最低でも対等に議論できるところまでは深く知らないと、実現性の高い提言をすることは難しい。そのため、提言を作るまでに、痴漢対策に取り組む民間団体にヒアリングしたり、専門家へのヒアリング、専門書を読み込んだりした。

一方、政策の意思決定者である政治家や官僚に動いてもらうためには、共感を生むことも重要であるため、当事者の体験談を盛り込み、感情に訴えたり、現場の詳細を伝えるようにしている。

そして、一部の人だけではなく、多くの人々が問題だと思っていることを可視化するために、オンライン署名を始め、賛同を募った。

その後、政策の意思決定者に提言手交するわけだが、ここでもコツがある。まずロビイングの鉄則は、与党から働きかけることである。話を聞いてもらうのは野党の方がハードルが低かったりするが、野党が先に提案すると、せっかく与党がやりたいと思っていても、野党の実績につながりやすいため、与党として動きにくくなるケースがある。他方、各党に取り組んでもらった方が、与党や政府へのプレッシャーにもなるため、渡す順番を気にしながら、提言を提出する。もう一つ、提言を提出する際には、当事者に直接体験談を話してもらうと、より感情的に訴えやすくなる。

そこで終わりではない。政治家は世論を気にする傾向にあるため、世論に働きかけるのも重要である。実際、日本若者協議会では、文部科学省内で記者会見を行い、ほぼ全ての主要メディアに取り上げてもらうことに成功している。さらに、筆者が様々な媒体で各党の動きなどを度々取り上げ、各党の〝実績〟も可視化している。

一定期間が経った頃には、進捗を聞き、政党内で勉強会を開いてもらったり、官僚との意見交換を重ねる。これらを行ったり来たりしながら、いろいろな角度から働きかけ、政策実現を目指す。

これらのアクションを決める上で、参考にしているモデルがある。それが、ミシガン大学の政治学者であったジョン・W・キングドン教授が生み出した、「政策の窓モデル」（**図表6-3**）である。

キングドンは3つの大きな流れがあり、それらが揃った時が政策変更の好機であると考えた。その3つの流れとは、①問題の流れ（Problem stream）、②政策の流れ（Policy

図表6－3　キングドンの政策の窓モデル

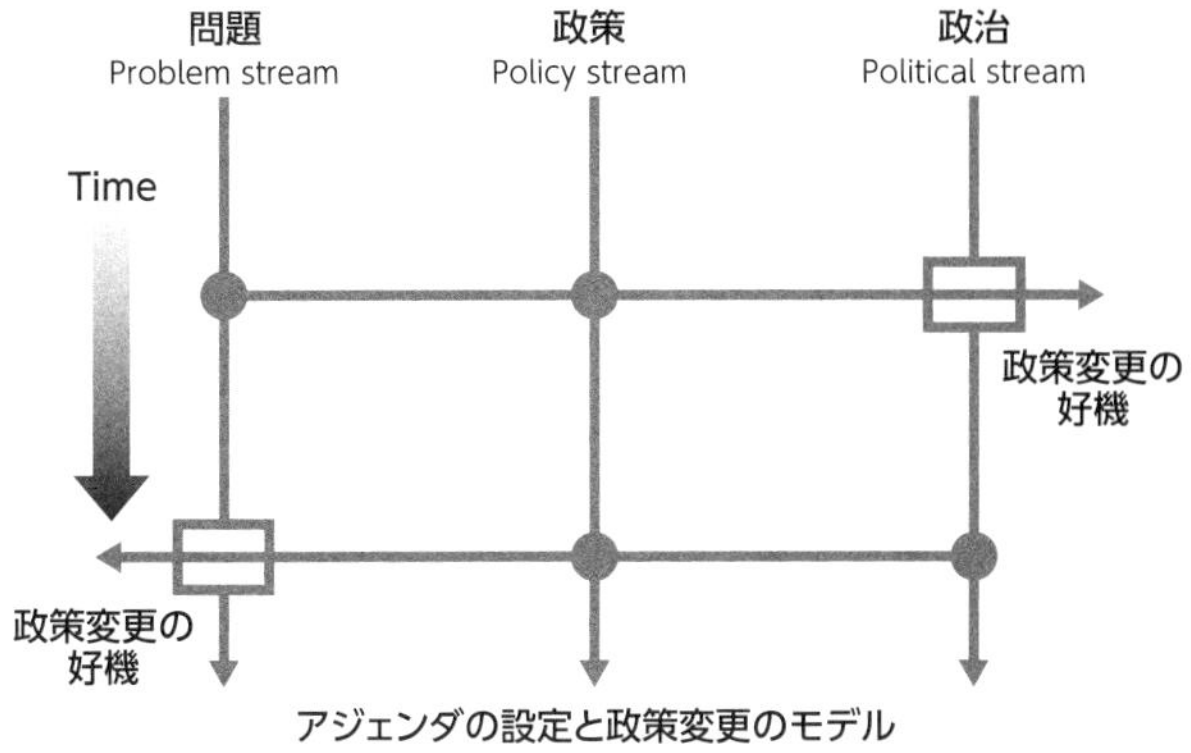

出典：津川友介「キングドンの「アジェンダ設定」と「政策の窓」」(2014年)

stream)、③政治の流れ（Political stream）である。まず、人々の間で問題だと認識されること。今回でいえば、痴漢自体は昔から存在するが、そこまで大きな問題だと認識されていなかった。次に、採るべき政策のオプションが存在するか。最後に、政治的に動く可能性があるか。それは政権が保守かリベラルか、選挙前かなど、様々な状況によって異なる。それら3つの流れが、今どこにあるのか、何が足りていないのかを常に頭に入れながら、戦略を練っている。

　これらを全ていきなり完璧にやることは難しいが、何度も経験すると感覚的に今何が必要かがわかってくる。今回はロビイング・アドボカシーの例だったが、社会を変える手段は他にも存在する。

こうした「武器」を一人ひとりが持ち、それぞれの立場から社会課題に取り組むのが、民主主義が理想とする主権者のあり方である。

現状の日本では、こうした「武器」を持っている人はごく一部だが、民主主義を強化するためには、公教育などを通して、なるべく多くの人に渡していく必要がある。

若者に「武器」を渡すための5つの提言

では、どうしたら若者に「武器」を渡し、社会課題の解決にコミットする若者を増やすことができるのか。一言でいえば、「エンパワメント」だが、具体的には5つのアプローチが重要である。

①　被選挙権年齢の引き下げ

一つ目が、被選挙権年齢の引き下げである。若者が議会で発言権を持ち、政治に影響力を与えられるようにするためには、被選挙権年齢の引き下げは欠かせない。さらに、同世代が選挙に出馬することによって、若者の政治活動がより活発になること、主権者教育の中身も、有権者教育（選挙教育）から、政策決定過程や政治家の具体的活動など、真に役立つ主権者教育に変わる可能性が高い。

難しいのは具体的に何歳まで引き下げるべきかであるが、世界各国の年齢がバラバラなように、統一された基準はない。ただ先進国の多くの国々では成人年齢と同じになっており、これが最も合理性が高いように感じる。かつ、選挙権と被選挙権は同じ参政権であり、同じ年齢であることが望ましい。であれば、選挙権年齢が18歳に引き下がり、成人年齢も18歳に引き下がった今、被選挙権年齢も18歳にするのが最も妥当なのではないだろうか。

参議院の独自性から、今は30歳と、衆議院と5歳の差が生じている。ただ5歳差があるから参議院に独自性があると感じている有権者はどれくらいいるのだろうか。独自性を追求するのであれば、参議院は選挙制度を比例のみにする、地方の首長も兼職可能にする、年代別選挙区を導入するなど、様々考えられる。過去の経緯を尊重して、そのまま5歳差にしておくことも考えられるが、やはり一律で18歳とした方がわかりやすく、合理的だと感じる。

② 民主主義教育

民主主義教育の重要性についても、海外の事例などを踏まえながら度々言及してきたが、

図表６－４　「守る」シティズンシップから「作る」シティズンシップへ

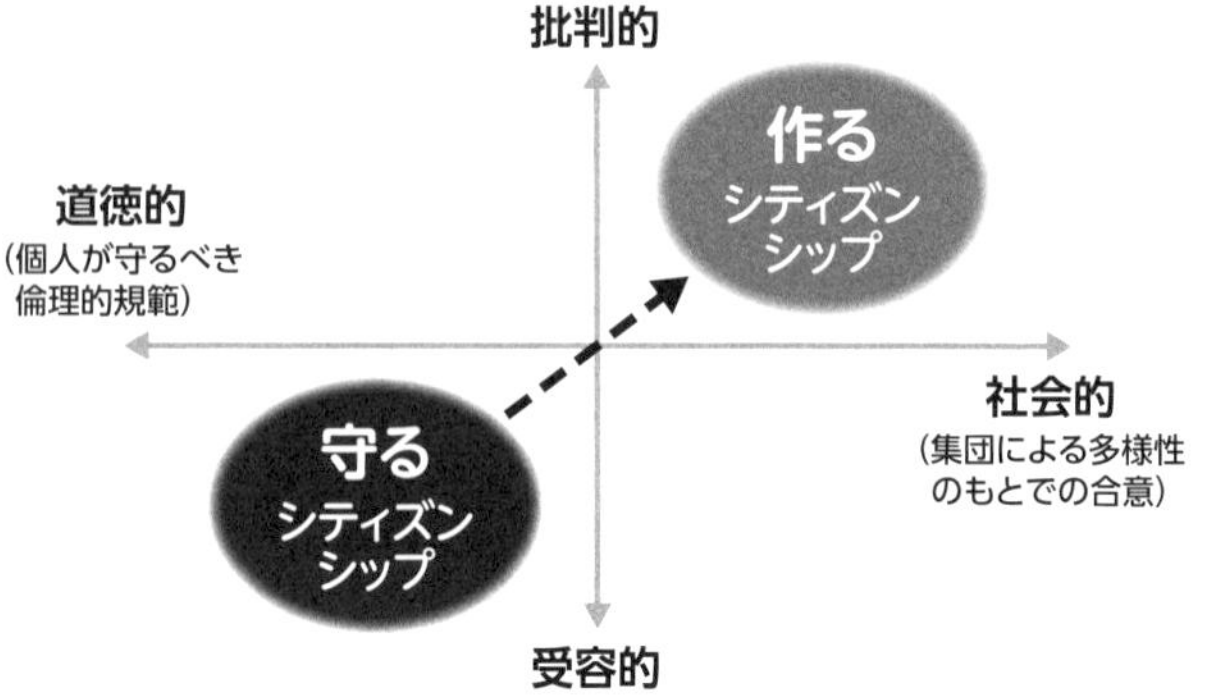

出典：古田雄一「日本若者協議会　第五回学校内民主主義を考える検討会議ヒアリング」（2020年）

民主主義国家の一員として、社会に参画する国民を育てるためには、民主主義教育は欠かせない。ただ日本の場合、現状は「ベクトル」が逆の教育がされているために、その方向性を大きく変えなければならない。

　これまでは、主権者教育ではなく、道徳教育が教科化されたように、規律を守るための教育が重視されてきた。しかし、社会の変化が激しく、多様性が増えてきた中では、「守る」ことを大事にする教育の弊害は多い。現代に必要なのは、変化への対応であり、様々な意見や価値観がある中で、一つの「正しさ」を守るのではなく、それぞれの立場を尊重することだからである。つまり、自分の意見を積極的に言ったり、他者の人権を尊重する、民主主義教育や人権教育である。態度も、これまでの受け身の姿勢から、批判的・能動的な姿勢へと変えていく必要がある。個人が自分の中で倫理観を育むだけでなく、他者と積極的に交わり、みんなが納得するルールを「作る」教育へと、大きくシフトする必要がある（**図表6-4**）。

③ 学校内での子どもの権利の尊重

民主主義教育とも重なるが、子どもたちが社会の作り手として、社会に参画していくためには、まずは最も身近な社会である学校が子どもの意見を尊重する場に変わらなければならない。2022年12月に生徒指導提要が改訂され、生徒指導においても子どもの権利を尊重する重要性が明記された。しかし、生徒指導提要には強制力がなく、やはり諸外国と同様に、法律で規定することが求められる。例えば韓国ではそれに特化した条例が作られており、韓国・光州市では『学校自治条例』が2019年3月に施行された。第一条を見ると、学校を民主的なコミュニティにしていくことが書かれている。

韓国・光州市『学校自治条例』
第1条（目的）
この条例は、児童生徒、保護者、教職員が学校運営に参加する権利を保障し民主的な学校コミュニティを実現し、意思の疎通や学びと成長のある学校文化をつくることを目的とする。

学校内での子どもの権利保障は意見表明権だけではない。まずは早急に、子どもの自己決定権を保障し、ブラック校則や学校のこと細かい「決まり」であるスタンダード、部活動強制加入を是正する必要がある。人権侵害であることはもちろん、子どもの行動を縛ることによって、子どもの主体性を損ない、他者からの権利侵害に鈍感になるなど、その弊害は非常に大きい。

一人ひとりの可能性を尊重し、個性を大事にするためには、過度に競争的な教育環境を改め、教育自体も多様化していく必要がある。そしてそのためには、もっと少人数学級にする必要があるし、教育予算を増やさなければならない。

人権が尊重されなければならないのは、子どもたちだけではない。現状、教員側の意見表明権も尊重されていない。生徒たちをケアする教員をケアしなければ、健全な環境で質の高い教育を提供することもできない。子どもたちとゆっくり対話し、自主的に研修する時間を作るためには、もっと教育カリキュラムに余白が必要である。子どもと教員の状況は、裏表の関係にあり、子どもの権利を守るためにも、教員の権利を守る必要がある。

韓国では、生徒の親からの嫌がらせを受けて、教員が自殺したことをきっかけに、数万人の教員がストライキを行い、職場での保護を求めた。こうした動きを受けて、韓国政府は新しいガイドラインを発表した。しかし、日本では法律で地方公務員のストライキは禁止されている。地方公務員には公立学校の教員も含まれる。はたして、憲法で認められている労働基本権が制限されたままで良いのか。そうした制約があるからこそ、子どもの権利をあまり抵抗なく、制限するのではないか。

子どもの権利を保障するためには、周辺にいる人の権利もきちんと保障されているか、一緒に考えていく必要があるだろう。

④　若者団体の活動基盤の整備

2023年4月、こども基本法が施行され、政策決定過程で子どもや若者の意見を聞くことが義務付けられることとなった。声を届けるための「回路」ができたため、次は、その回路を通して届ける声を集める必要性がある。具体的には、ヨーロッパの若者協議会のように、代表性・専門性・当事者性を満たした意見形成・意見集約の仕組みである。しかし、日本ではまだ早いと感じる。というのも、実際、日本若者協議会でも個人や団体が加盟し、意見を集約しているが、若者団体の寿命が短く、すぐに活動が停止してしまうからである。また人数規模も小さく、世代の中でごく一部しかそうした活動に参加していない。そうした状況で、中間支援団体である若者協議会だけを整備しても、あまり効果的ではない。

まずはその前に、各若者団体を育てていかなければならない。そしてそのために必要なのが、若者団体に限定した助成金の創設と、ユースセンターの整備である。前者については何度も説明してきたためここでは省くが、後者を少し補足しよう。

現在、子どもの第三の居場所として、ユースセンターが注目されている。ユースセンターとは、無料あるいは安い値段で使える、子ども・若者向けの遊び場であり、学び場、社会活動の活動場所でもある。ヨーロッパでは広く整備されており、多くの子どもや若者が放課後の時間などを過ごす。日本でも徐々に広がりつつあるが、課題だと感じているのが、対象が中高生に限定されている点だ。必ずしも20歳代の大学生や社会人が使えないわけではないが、メインの対象を中学生ぐらいに設定しているために、非常に使いにくい。そのため、ユースセンターで若者団体が会議やイベントを開いたりはあまりできない。その代わり、別の場所を使うわけだが、その場合有料の施設が多く、活動の大きな負担となる。こうして対面での会議やイベントを開くだけでも、お金がかかり、参加費を有料にするなど、どんどん参加のハードルは上がっていく。もっと気軽に参加し、活動を続けられるようにするためには、金銭的な支援だけでなく、場の整備も求められる。ベンチャー企業やスタートアップが集まるシェアオフィスのように、若者団体が集まるユースセンターができれば、団体同士で連携もしやすく、より大きなインパクトを社会に与えられるようになるだろう。さらに、選挙小屋が駅前の広場に設置されているように、街の中にそうした空間を増やしていくことも、市民活動を活発にしていくために重要である。日本はあまりに広場や公園が少なく、無料で使える公共スペースが足りていない。

　場の整備という意味では、日本の子ども・若者議会と、海外の子ども・若者議会も異なる。日本の子ども・若者議会が、年に１回集まるだけの体験型・イベント型が多いのに対し、海外のものは、任期が１～２年の常設型が多い。そのため、子ども・若者議会内で議論するだけでなく、本物の議会からヒアリングを受けるなど、子どもや若者の声を聞く窓口として機能している。そうして常にコミュニケーションが可能な体制が作られているのに対し、日本はそうした場がほとんどない。各政党の学生部も、まだまだお手伝い組織の側面が強く、対等な立場では決してない。

日本では子どもや若者が権利の主体として見られてこなかったために、こうした活動基盤はほとんど整備されていない。先進国の中で最も整備されていない国と言っても過言ではない。しかし、子どもや若者が主体的に社会に参画し、影響力を与えていくためには、間違いなく欠かせない。スピード感を持って、イチから若者政策を整備していくことが求められる。

⑤ 国内人権機関の設置

最後が、人権救済を進め、人権教育を進めていくための国内人権機関の設置である。ブラック校則やいじめ、自殺、ハラスメント、マイノリティの尊重など、第三者の立場で、政府などを監視し、人権を尊重させてこなかった弊害が数多く見られる。そして、人権教育を十分に行ってこなかったために、人権保障を政府に求める動きが弱く、政府も積極的に人権保障をしようとしない（しないで済んでいる）。

国連人権理事会には、全ての国連加盟国の人権状況を定期的に審査する仕組みがある。この審査はＵＰＲ（普遍的・定期的レビュー）と呼ばれ、４年半ごとに行われている。２０２３年１月、日本は４回目となるＵＰＲ審査を受け、日本は１１５カ国から合計３００個の勧告を受け、そのうちＳＲＨＲ（性と生殖に関する健康と権利）に関連しては、24の加盟国から、避妊薬へのアクセス向上や堕胎罪の撤廃、性的指向・性自認に基づく差別禁止に関するものなど、36個の勧告を受けた。日本の「生きづらさ」の根底には、人権問題がある。これだけの数の勧告が出ている最大の理由が、国内の人権状況を常にチェックする国内人権機関が存在しないからである。国民をエンパワメントし、一人ひとりの人権を保障していくためには、政府から独立した国内人権機関が欠かせない。

ラディカル・セルフケア

このように、若者をエンパワメントし、社会運動に参加することの重要性を語ってきたわけだが、最後に、「セルフケア」の重要性を書いておきたい。というのも、これを同時に重視しなければ、燃え尽き症候群に陥る可能性が高いからである。

ここでいう「セルフケア」とは日本での文脈とはやや異なる。通常、「セルフケア」とは、「自分の機嫌は自分でとる」ことが「大人」であり、そのために、お気に入りの映画やドラマを観たり、ジョギングやウォーキングで汗を流すこと、ルイボスティーを飲んでリラックスすることなどをいう。他方、アメリカを中心に、世界的には、商業主義に基づいた「セルフケア」に対し、「ストレスの原因である資本主義を批判せずに、その構造に加担しているだけではないか」「モノを売るために、セルフケアが利用されているだけではないか」という批判が巻き起こっている。もっと言えば、構造的な欠陥の責任を抑圧される側に押し付けているのが「セルフケア」になっている。

セルフケアの欺瞞《ぎまん》を書いた“The Gospel of Wellness”の作家であるリナ・ラファエル氏は、消費主義的なセルフケアは女性たちを無力化していると指摘する。

「ヨガや泡風呂が足りないからストレスを感じているのではない。ストレスを感じるのは、他にもっと大きな理由があるからだ。出産手当金がないからかもしれない。上司が午後6時以降にメールを送ってくるからかもしれない。パートナーが家の仕事を手伝ってくれないからかもしれない。このようなことは棚上げにされ、あなた一人が問題に対処しなければならないと言われてしまう」（“‘We’re sedating women with self-care’: how we became obsessed with wellness” *The Guardian*, November 1, 2023)

そうした文脈で注目されているのが、「ラディカル・セルフケア」である。

「ラディカル・セルフケア」とは、抑圧的な資本主義社会との戦いの中で、体を休め、エネルギーを補給するためのセルフケアのことをいう。ストレスの根本的原因である、社会制度や企業・学校などのあり方を問いただし、変革していくための準備であり、休息である。

特にアメリカでこの文脈で語られている理由が、「ブラックパンサー党」の存在である。セルフケアが広がったのは、ブラックパンサー党が不当な投獄や警察による嫌がらせから生き延びるために、自分を大切にする必要性を広めたからである。

ブラックパンサー党とは、１９６６年に大学生を中心に結成され、１９７０年代にかけてアフリカ系アメリカ人のコミュニティを人種差別や暴力から守るために活動した黒人解放闘争のための自衛組織である。

ブラックパンサー党は、アフリカ系アメリカ人やその他の抑圧された人々が、基本的な生活ができるように、無料の診療所、学校、無料の食事プログラムなどを運営していたが、社会運動をするためにも、自分たちのコミュニティで健康とウェルビーイングを確保することが不可欠であると信じていた。つまり、自己決定とエンパワメントのための「ケア」である。これは近代のベーシック・サービスや社会奉仕プログラムのモデルにもなっている。

セルフケアのムーブメントは、その後１９７０年代から80年代にかけて黒人フェミニストにも広がっていく。だからこそ、「ラディカル・セルフケア」では、個人主義・資本主義の中で消費されるセルフケアではなく、他者と連帯し、コミュニティとして運動していくための、自分を守る手段として捉えられている。黒人レズビアン活動家として人種差別、性差別などと闘ったオードリー・ロードは、「ラディカル・セルフケア」の重要性をこう語る。「自分を大切にすることは、自己満足ではなく、自己保存であり、政治的行為である」

「自分を自分で守らないといけない」という、コミュニティから切り離された個人主義に基づくセルフケアが行き着く先は結局孤独であり、自己責任である。そうではなく、環境自体を変え、お互いをケアするために、自分をケアする。そうしたコミュニティに根差した「ラディカル・ケア」が本来、求められる。電車に乗れば、車内広告などで「ムダ毛を脱毛しろ」「プチ整形しろ」と、変わることを求められる中で、自分を知り、ありのままの自分を好きになることも抵抗運動の一種である。

　しかし日本では、そうした文脈で語られることはほとんどない。政治性を帯びることはなく、消費を通じた自己実現が求められている。しかしそれでは根本的な原因が解決せず、ストレスを再生産するサイクルから抜け出すことはできない。ここにも、社会問題と自分を結びつける必要性が見えてくる。だが、国立青少年教育振興機構が２０２１年６月に公表した、日米中韓の４カ国の高校生を比較した「高校生の社会参加に関する意識調査報告書」によれば、日本の高校生は私的な領域に関心事項が偏っている。学校外の活動への参加や関心の項目では、「趣味に関する活動」や「アルバイト」への関心は高いが、「政策に対する意見表明に関する活動」に関心を示した高校生は４カ国中最も低い。新聞やニュースはよく見るが、「エンターテインメント」に関心が高く「政治」「経済」「文化」への興味は低い。

そうして私的なことばかりに関心が向き、「自分の機嫌は自分でとる」重要性ばかりが語られると、社会への「怒り」を表に出し、連帯して運動する行為は「大人」ではないと見なされる。理不尽な社会構造に我慢し、黙って受け入れ、「常にご機嫌」であることが「大人」だとされる。そして、自分を「ケア」する手段として消費が求められる。しかしこれでは何も根本的に解決しない。

一方、理不尽な社会構造や、抑圧的な状況を改善しようと、大きな声を上げる「未熟な大人」は、「大人になれ」と批判される。コミュニティも弱いために、批判にさらされる中で、疲弊していき、燃え尽き症候群に陥る。そうして静かに、ゆるやかに、社会は続き、いつしか後戻りできないほどに、社会はストレスフルになり、衰退していく。

根本的な原因を解決するために、コミュニティ単位でラディカルな変革を促していく。そしてそのために、自分自身を、お互いを、ケアする。そうして次の「戦い」へと備える。今日本に必要なのは、政治性と結びつけた「ラディカル・セルフケア」である。

あとがき

ヨーロッパに視察で訪れると、いつも子どもたちや大人が楽しそうで驚く。

政治への意識が高いというと、日本だと「怖い」印象があるかもしれない。しかし、街の空気はゆったりとしており、日中からカフェで談笑するなど、みんな楽しそうにしている。日本のように、ずっと暗い顔で、急かしい様子はほとんど感じない。石畳の道で、ベビーカーが突っ掛かれば、すぐに駆け寄って助ける。デモで声を上げる時は、もちろん怒りを表現するが、デモの間に音楽ライブがあるなど、ここでも楽しむことを忘れていない。政治に参加することは特別なことではなく、日常の延長線上なのだと感じる。だからこそ、自然体で参加している。学校で、子どもたちにその国の政治状況に対して思うことを聞けば、鋭い意見が飛び交い、成熟した印象を受ける。しかし、授業が終われば、日本からの訪問者を囲み、日本のことについて聞いてくる。その様子は子どもそのもので、日本の同世代と変わらない。

なぜ海外の人に比べ、日本は幸福度が低いように感じるのか（国際比較でも低い結果が出ている)。そのヒントになるのが、神戸大学社会システムイノベーションセンターの西村和雄特命教授と同志社大学経済学研究科の八木匡教授による研究「幸福感と自己決定―日本における実証研究」(２０１８年)である。この研究では、国内約2万人へのアンケート結果から幸福度を説明する重要な要因を分析している。その結果、所得、学歴よりも「自己決定」が幸福感に強い影響を与えていることを明らかにした。ここでいう自己決定とは、「中学から高校への進学」「高校から大学への進学」「初めての就職」について、自分の意思で進学する大学や就職する企業を決めたか否かを確認している。そして、自己決定によって進路を決定した人は、自らの判断で努力することで目的を達成する可能性が高くなり、また、成果に対しても責任と誇りを持ちやすくなることから、達成感や自尊心により幸福感が高まることにつながっていると考えられるという。だが、日本は「人生の選択の自由度」が低く、幸福度が低い傾向にある。

この研究結果を参照すると、自然とヨーロッパの国々の幸福度が高い理由も見えてくる。幼少期から子どもの権利が尊重され、自己決定権が大事にされている。受験においても、学校に選ばれる選抜制ではなく、自分の興味関心によって選択する側面が強い。画一的な基準で序列化しないよう、成績は順位づけをせず、あくまで個人の興味関心や得意・不得意を伸ばす（克服する）仕組みになっている。これらの結果、自己肯定感は高まり、自分の思想信条が形成され、それに沿って将来のキャリアを自己決定していく。それも18歳や22歳時点で決めるのではなく、30歳頃まで様々なキャリアを歩み、自分に合った職業を選択していく。大学や大学院も無償のため、金銭的なハードルがほとんどない。年齢も多様なため、自分が行きたいと思ったタイミングで、大学に行ったり来たりする。個人向けの社会保障も充実しているため、何かあっても生活は保障され、無理して合わない会社で働き続ける必要もない。残業もほとんどないため、平日16時ぐらいから好きなことをして過ごす。街の中は、条例などで厳しく制限されているため、高層ビルが少なく、自然が多い。歩道も広く、「車」や「商業」よりも、「人間」中心に都市が作られている。明らかに、人が幸せになるために社会が設計されている。

　しかし今の日本は、国民が声を上げないために、管理する側にとって都合の良い社会設計になっている。本書を書き終える頃に自民党の裏金疑惑が日本政治を揺るがし始めたが、全く「意外」ではない。第四章で書いたように、この国のルールは権力者にとって都合の良い形に作られている。

これでは特権階級にいない人々が幸せになることができない。自分の中で抱え込んだり、自分だけで対処するのではなく、人々が幸せになる社会構造を作るためには、もっと積極的に声を上げていく必要がある。そしてそのためには、理不尽に耐えるのが「大人」だと教え、人々が声を上げないようにしてきた、抑圧的な社会自体を見直さなければならない。それが本書を通して主張したかったことである。

そんな日本でも、徐々に声を上げる人、特に若い世代が増えてきた。２０１９年、一人の高校生の訴えをきっかけに、ヤングケアラーの実態調査が進むなど、多くの声が社会を動かしてきた。最後に、日本若者協議会の活動に参加してきた多くの若者や、一緒に社会課題の解決に取り組む、全ての人々に感謝とリスペクトを伝えたい。

２０２３年12月　室橋祐貴

室橋祐貴（むろはしゆうき）

1988年、神奈川県生まれ。

慶應義塾大学経済学部卒。同大学大学院政策・メディア研究科修士課程中退。大学在学中からITスタートアップの立ち上げに携わり、BUSINESS INSIDER JAPANで記者、大学院で研究等に従事。専門・関心領域は政策決定過程、民主主義、デジタルガバメント、社会保障、労働政策、若者の政治参画など。

2015年、若者の声を政治に反映させる「日本若者協議会」を設立。同団体の代表理事として活動。超党派の若者団体として、政治・政策への提言などを行う。

文部科学省「高等教育の修学支援新制度の在り方検討会議」委員。

子《こ》ども若者《わかもの》抑圧《よくあつ》社会《しゃかい》・日本《にっぽん》　社会《しゃかい》を変《か》える民主主義《みんしゅしゅぎ》とは何《なに》か

2024年3月30日初版1刷発行

著　者 ── 室橋祐貴
発行者 ── 三宅貴久
装　幀 ── アラン・チャン
印刷所 ── 堀内印刷
製本所 ── 国宝社
発行所 ── 株式会社光文社
東京都文京区音羽1-16-6（〒112-8011）
https://www.kobunsha.com/
電　話 ── 編集部03（5395）8289　書籍販売部03（5395）8116
業務部03（5395）8125
メール ── sinsyo@kobunsha.com

ISBN 978-4-334-10250-0

1300

〈共働き・共育て〉世代の本音
新しいキャリア観が社会を変える

本道敦子　山谷真名
和田みゆき

当事者インタビューで明らかになった、〈共働き・共育て〉を志向するミレニアル世代の本音、そして子育て中の男性の苦悩。当事者、そして企業が取るべき対策とは？・【解説・佐藤博樹】

978-4-334-10249-4

1301

子ども若者抑圧社会・日本
社会を変える民主主義とは何か

室橋祐貴

変化の激しい時代に旧来の価値観で政治が行われ、閉塞感が漂う日本。先進諸国で若い政治リーダーが台頭している中、なぜ日本だけ変われないのか？・若者が参加できる民主主義を示す。

978-4-334-10250-0

1302

子どものこころは大人と育つ
アタッチメント理論とメンタライジング

篠原郁子

ボウルビィが提唱したアタッチメント（愛着）は、子どもにとって重要なすべての大人との間に形成されうる。心で心を思うこと《メンタライジング》をベースに、アタッチメント理論をわかりやすく解説する。

978-4-334-10251-7

1303

頭上運搬を追って
失われゆく身体技法

三砂ちづる

今の日本では失われつつある身体技法「頭上運搬」。沖縄や伊豆諸島ほか日本各地や海外にその記憶と痕跡を訪ねる。生活や労働を支えた身体技法と、自らの身体への理解や意識を考察。

978-4-334-10252-4

1304

定点写真で見る　東京今昔

鷹野晃

江戸・明治・大正・昭和――。東京はいかに変貌したのか。東京を撮り続けて40年の写真家が、「定点写真」という手法を用いて破壊と創造の首都を徹底比較。写真451点収録！

978-4-334-10253-1